Logbuch

Liebe Leserin,
lieber Leser,

schon die theoretische Annäherung an die Wahrheit, die Übereinstimmung gedanklicher Vorstellungen mit der Wirklichkeit, ist Gegenstand von Debatten über Tausende Jahre. In einem Konflikt ist die Frage nach der Wahrheit eine eigentliche, im Krieg wird dieses Grundsätzliche oft missbraucht, und die Wahrheit weicht dann der Macht der Lüge im Angesicht des Unvorstellbaren.

Mit der wachsenden Bedeutung der Presse im 19. Jahrhundert wurde deren Wirkung als Grundlage für die vierte Kraft in Demokratien erkannt. Doch Einfluss und Macht führen auch zum Missbrauch dieser vierten Gewalt. „Drei feindliche Zeitungen sind mehr zu fürchten als tausend Bajonette“, formulierte es Napoléon Bonaparte.

Im Krimkrieg von 1853 bis 1856 drangen Wahrheit und Lüge direkt von der Front in die Zeitungen und Zeitschriften der Heimatländer – Wort und Bild von Elend und Tod. Es war der Beginn der Kriegsberichterstattung.

William Howard Russell telegrafierte sein Erschrecken über das Elend des Krimkriegs für die Londoner „Times“ an die Heimat. Nicht nur das Grauen des Sterbens, auch den Zynismus der Offiziere beschrieb er so eindrucksvoll, dass darüber 1855 sogar Englands Parlament stürzte. Zur selben Zeit wie Russell schiffte sich der Fotograf Roger Fenton ein, um erste Bilder vom Krieg zu machen. Seine Dokumentationen zeigten ein anderes Bild. Da seine Aufnahmetechnik lange Belichtungszeiten benötigte, konnte er keine Fotografien von Schlachten liefern. Die scheinbar heroischen Porträts der Soldaten formten daher weiterhin einen beschönigenden Eindruck. Auch wollten seine Auftraggeber keine Toten und Verletzten sehen. So lernten die Bilder lügen (Seite 32).

In der **mare**-*Redaktion sind wir uns durchaus bewusst darüber, dass unsere Texte und Bilder Eindrücke und Wirkung hinterlassen. Unsere Verantwortung für die Auswahl der Berichte und über deren Inhalte lässt uns oft und lange debattieren. Doch manchmal fragen wir uns auch, wie wirkungsvoll und gewichtig Reportagen sind. Schon 2005 und seither immer wieder berichteten wir ausführlich über das Sterben der Flüchtlinge im Mittelmeer. Und immer noch scheint sich nichts geändert, nichts gebessert zu haben. – Wir schreiben und fotografieren trotzdem weiter, immer mit dem schwierigen Anspruch, Ihnen Wahrheiten zu liefern.*

Viel Spaß beim Lesen wünscht Ihnen

Nikolaus Gelpke

Inhalt

Reportage: Russlands Ferner Osten lebt von der Krabbenwilderei

Politik: Der Krimkrieg – Geburtsstätte der Kriegsberichterstattung

Leben: Strandleben in der Ukraine im Fokus eines Schwimmrings

Leben: Eine Frau vollendet ein Jahrhundertbauwerk in New York

Titel: Schwarzgeldverstecke für Superreiche in tropischen Inselparadiesen

Wissenschaft: Rätsel oder Mythos? Das Bermudadreieck treibt uns um

Wissenschaft: Affen aus Übersee – die Sensation des 19. Jahrhunderts

RUBRIKEN

Übrigens: *Ein schöner (Heft-)Rücken kann auch entzücken. Ein Fisch ist ein Fisch ist ein Fisch …*

1 BONAIRE
Sehr effektives Mittel zur Bekämpfung des Feindes: Man verspeise ihn einfach. Selten war es so wohlschmeckend, Gutes für die Meereswelt zu tun.
Seite 58

2 CAYMAN ISLANDS
Wo der märchenhafte Schatz begraben liegt? Das ist eine lange Geschichte, die leider die falsche Botschaft bringt. Es darf behauptet werden: Das Gute siegt hier nicht.
Seite 60

3 FORT LAUDERDALE
Die bösen Aliens sollten's mal wieder gewesen sein. Dabei sind wir Erdenbewohner doch recht gut darin, uns selbst zu versenken. Warum, das wird tatsächlich ein ewiges Rätsel bleiben.
Seite 108

4 BROOKLYN
Der Mann schaut aus dem Fenster, während die Frau seine Arbeit macht. Es war, bei allen Schwierigkeiten, eine gute Beziehung, wohl, weil sie beide wussten, wie wichtig ein solides Fundament ist.
Seite 52

5 ST. JOHN'S
Der Duft der großen weiten Welt war für die Männer mehr als nur ein Werbespruch. Und das nicht nur, weil ein paar Tage lang kein penetranter Fischgeruch in ihre Nasen stieg.
Seite 84

6 LIVERPOOL
Nein, es waren nicht die Fab Four, die seinerzeit die Stadt in Aufregung versetzten. Der Kerl war solo mindestens genauso legendär und hatte außerdem noch die viel wildere Frisur.
Seite 118

7 BERLIN
Ein preußischer Minister als Quell der guten Unterhaltung? Das klingt verwegen. Doch das letzte Wort dazu hat auf den Bühnen der Weltmeere so oder so: das Publikum.
Seite 92

8 MONTEGROTTO TERME
Wer wagt es, Rittersmann oder Knapp', zu tauchen in diesen Schlund? Die gute Nachricht ist: Niemand wird kalte Füße bekommen. Die schlechte: Es gibt keine gold'nen Becher am Grund.
Seite 127

No. 110 mare Die Schauplätze

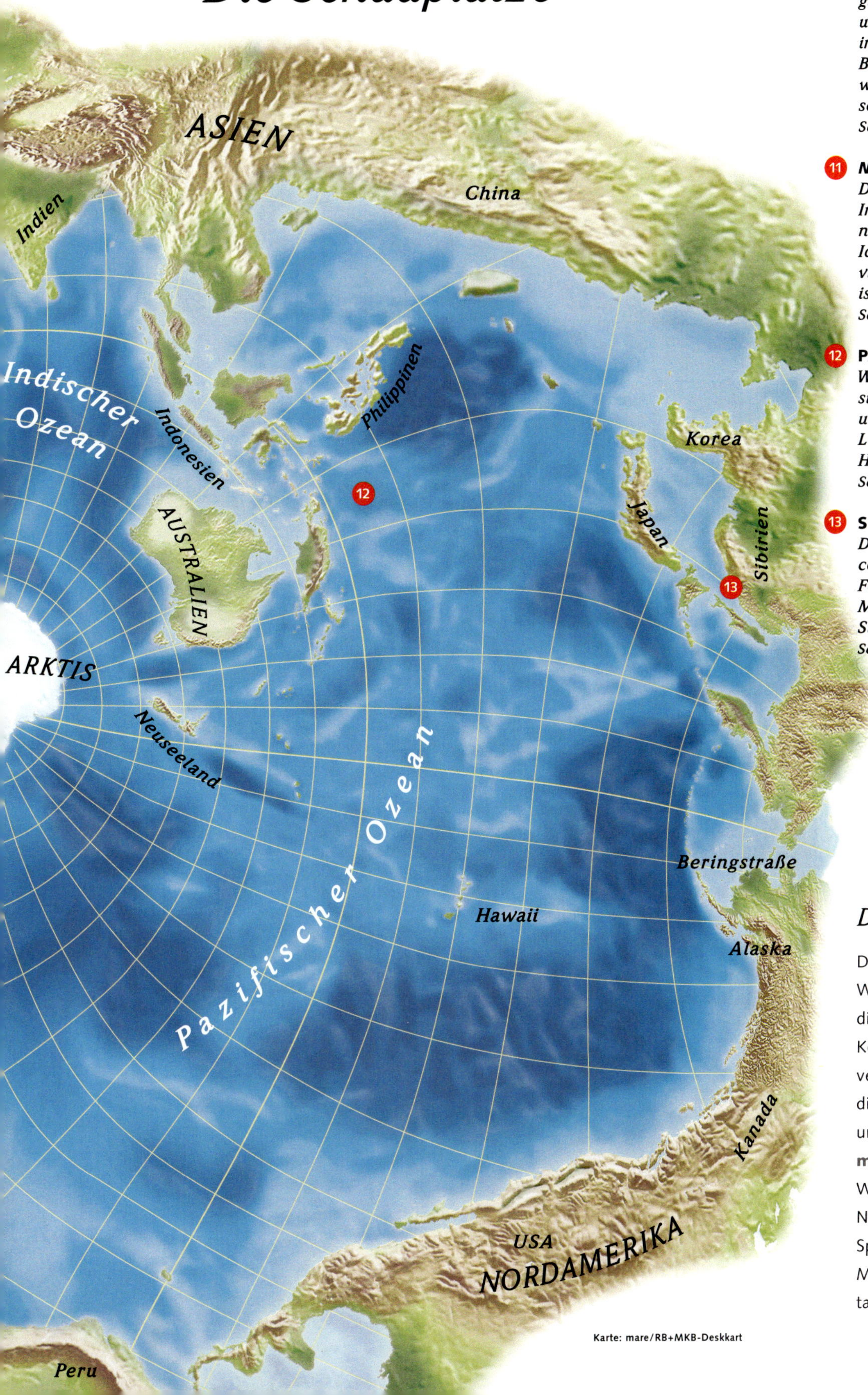

Karte: mare/RB+MKB-Deskkart

9 ODESSA
Die Welt nicht in Watte, sondern in Gummi verpackt. Das klingt nicht nur verrückt, sondern sieht auch so aus.
Seite 48

10 ISTANBUL
Es hieß, sie war nachtaktiv, ganz wie ihre Namensgeberin, und das ergab ein schönes Bild im grausigen Gemetzel. Ihre Bestimmung war eine andere: Sie wurde die berühmteste Krankenschwester der Welt.
Seite 32

11 MADAGASKAR
Diese Seefahrer lebten auf der Insel, und möglicherweise hielte noch heute so mancher ihre Ideen für die Pest. Doch gleich viel Gold für jeden, so schlecht ist der Gedanke nicht.
Seite 102

12 PALAU
Weil wieder mal David recht aussichtslos gegen Goliath kämpft und es um Grundlagen des Lebens geht, hoffen nun alle auf Hilfe von ganz weit oben.
Seite 124

13 SLAWJANKA
Die Wasserrutsche ist aus Müllcontainern, und der Chef der Ferienanlage geht lieber fischen. Man könnte auch sagen: Dieser Strandspaß ist gar keiner.
Seite 12

Die mare-Weltkarte

Der Versuch, den Globus auf eine Weltkarte zu projizieren, quasi die Quadratur der Kugel, ist ohne Kompromisse zum Scheitern verurteilt. Und so sind es stets die Meere, die auseinandergerissen und verzerrt dargestellt werden. **mare** beschreitet mit seiner Weltkarte den umgekehrten Weg: Nach einer Projektion von Athelstan Spilhaus präsentieren wir die Meere und ihre Küsten so, wie sie tatsächlich zusammenhängen.

PATEK PHILIPPE
GENEVE
Beginnen Sie eine eigene Tradition.
Eine Patek Philippe gehört einem nie ganz allein.
Man erfreut sich ein Leben lang an ihr, aber eigentlich bewahrt man sie schon für die nächste Generation.
Twenty-4® Ref. 4910/10A
Tel: +49 89 28 67 62 0
patek.com

DAS BLAUE TELEFON

Ihre mare-Hotline in die unerforschten Weiten und Tiefen der Meere

Ihre maritimen Fragen können Sie per Telefon (0800/218 218 2, gebührenfrei) oder E-Mail (wat@mare.de) stellen. Es antworten Ihnen Albert Gerdes, Jana Stone und Jana Schmitz von MARUM – Zentrum für Marine Umweltwissenschaften der Universität Bremen.

Wie gefährlich ist Eisansatz an Schiffen?

G. Lenssen, per E-Mail

Im Januar 1955 stampfen die britischen Trawler „Lorella" und „Roderigo" nördlich von Island durch einen eisigen Orkan. Spritzwasser gefriert und bedeckt die Schiffe bald mit eisigen Panzern. Sie bekommen Schlagseite und kentern. 40 Seeleute verlieren ihr Leben. „Tonnenschwerer Eisansatz kann, je nach Schiffsgröße, zu erheblichen Stabilitätsproblemen führen", sagt „Polarstern"-Kapitän Uwe Pahl. Allerdings hat die Internationale Seeschifffahrts-Organisation inzwischen die sogenannten Torremolinos-Regularien verabschiedet, mit denen die Sicherheitsstandards bei Fischereifahrzeugen laufend verbessert werden. Das Regelwerk beinhaltet unter anderem einen Zuschlagsfaktor für Eisansatz, der bereits beim Bau der Schiffe berücksichtigt wird. Seeleute unterscheiden zwischen Schwarzem Frost und Weißem Frost. Letzterer ist weitaus häufiger und entsteht durch gefrierendes Spritzwasser. Da dieses salzhaltig ist, entsteht relativ mürbes Eis, das sich leichter abschlagen lässt als der Weiße Frost, der sich bildet, wenn salzfreier Seerauch, Nebel oder Regen zu einer äußerst harten Eisschicht gefrieren. „Auf der ‚Polarstern' beheizen wir in solch kritischen Situationen Arbeitsdeck, Reling und Lukensülls, um die Sicherheit von Schiff und Besatzung zu garantieren", sagt Kapitän Pahl.

Weißer Frost, Schwarzer Frost – Seeleute haben verschiedene Namen für gefährliches Eis an Deck

Woher weiß man, dass es in der Erdgeschichte schon zu Ozeanversauerungen kam?

Herbert Stein, per E-Mail

Schon in der Schule lernen wir, wie sich der Säuregrad einer wässrigen Lösung, ihr pH-Wert, bestimmen lässt. Der Test mit Lackmuspapier zeigt, ob eine Probe sauer (rot) oder basisch (blau) ist. Will man den pH-Wert prähistorischer Ozeane herausfinden, muss man einen Umweg über andere messbare Parameter, sogenannte Proxys, gehen. Solch ein Proxy für die Abschätzung früherer pH-Werte findet sich in Karbonatablagerungen im Meeresboden. Winzige Organismen bauen unter anderem das Spurenelement Bor in ihre Kalkschalen ein. „Mit den Schalen bleibt auch das Verhältnis der Borisotope – das sind Boratome mit jeweils unterschiedlichem Gewicht – konserviert. Und dieses Verhältnis wird unter anderem vom pH-Wert gesteuert", erklärt Simone Kasemann, Professorin an der Universität Bremen. „Wir messen das Isotopenverhältnis und können so den pH-Wert abschätzen, der im Meerwasser zu der Zeit vorherrschte, als die Kalkschalen entstanden." So konnten die Forscherin und ihre Kollegen kürzlich eine Ozeanversauerung vor etwa 250 Millionen Jahren beweisen, die damals mitverantwortlich für das Aussterben von etwa 90 Prozent aller Arten im Meer war.

Ich bin in den 1960er-Jahren auf Tankern gefahren. Wie ist es heute um die Tankreinigung auf Hoher See bestellt?

Winfried Kumetat, Frankfurt/Main

Sowohl die Statistiken der Wasserschutzpolizei, des Hamburger Bundesamts für Seeschifffahrt und Hydrografie als auch der Europäischen Agentur für die Sicherheit des Seeverkehrs (EMSA) belegen: Illegale Öleinleitungen auf Hoher See werden weniger. „Das liegt am hohen Überwachungsdruck", sagt Hartmut Neumann, Leiter der von den fünf Küstenländern eingerichteten Leitstelle der Wasserschutzpolizei. Schon in den Häfen führen Neumanns Kollegen Präventivkontrollen durch und prüfen die Ölbücher der Seeschiffe. Die in Nordholz stationierten „Ölflieger" des Havariekommandos Cuxhaven sind alljährlich bei mehreren hundert Einsätzen zwischen 1500 und 2000 Stunden in der Luft. „Unsere beiden Dorniers sind mit Radar, Scannern und Mikrowellenradiometern ausgerüstet, die auch bei Wolkenbedeckung potenzielle Ölflecken detektieren", sagt Pressesprecher Michael Friedrich. Nord- und Ostsee stehen zudem im Fokus der Überwachungsflüge der Bundespolizei. Satellitenaufklärung, automatisierte Schiffsidentifizierungssysteme oder Driftmodelle sind einige der auch von der EMSA eingesetzten Methoden, um die EU-Meere zu überwachen. Dort sank die Zahl der jährlich registrierten Ölverschmutzungen zwischen 2008 und 2013 von knapp elf auf vier Vorfälle je 1000 Quadratkilometer.

Gute Nachricht: Die Ölverschmutzungen in Nord- und Ostsee gehen Jahr für Jahr zurück

Wie kommunizieren Unterwassermessgeräte miteinander?

Herr Tschech, Berlin

Autonome Fahrzeuge zur Vermessung der Ozeane können heute über große Distanzen schon per Handy gesteuert werden – solange sie sich an der Meeresoberfläche befinden. Einige Zentimeter darunter wäre das Gerät so schon nicht mehr erreichbar, da die elektromagnetischen Wellen je nach Frequenzbereich mehr oder weniger vom Meerwasser geschluckt werden. Lange Wellen etwa im Infrarotbereich, aber auch Radiowellen werden von Wassermolekülen aufgehalten, kurze Wellen von im Meerwasser gelösten Salzen. „Daher baut die Kommunikation unter Wasser meist auf Schallwellen", sagt Diplom-Physiker Eberhard Kopiske von MARUM. „Sie werden zur Kommunikation, Navigation und Ortung genutzt. Allerdings beschränkt sich die Kommunikation meist auf den Austausch zwischen Schiff und Unterwassergerät." Messgeräte lässt man selten miteinander kommunizieren, da dies relativ viel Energie benötigt und die Kapazität der Akkus begrenzt ist. Sie speichern alle Daten, die dann später ausgelesen werden. Eine Ausnahme bilden autonome Unterwasserfahrzeuge, die im Schwarm operieren. Sie tauschen Navigationsdaten zu ihren Flugstrecken über Schallwellen aus, was sich allerdings derzeit noch im Stadium der Erprobung befindet.

Unterwassermessgeräte kommunizieren nicht, sie speichern die Daten – das spart Energie

AUSGABE 1 / 2015 • D € 9,80 / A € 9,80 / CHF 15,00

enos

von Wein, Menschen und Kulturen

SO MANIPULIERE ICH DEINEN GESCHMACK

Der Konsumpsychologe Björn Held erklärt, warum uns schmeckt, was uns schmeckt

HÖHER, SPÄTER, TEURER ...

Andrea Jeska traf Befürworter der umstrittenen, aber dennoch gebauten Brücke über die Mosel und ihre Weinberge

ICH KÖNNTE NIEMALS WIEDER ZURÜCK

Die Winzerin Marie-Thérèse Chappaz über die Enge des Wallis, ihren Status als Frau und die Sehnsucht nach Sonne

REBELLEN UND BRIGANTEN

Gaither Stewart über die bäuerlich-kommunistische Kultur der Toskana – Reise in eine immer noch aktuelle Vergangenheit
Franceso Giuntini und Giuseppe Mazzocolin im Gespräch – Von der Halbpacht zur Moderne

Text: Alexei Anastasiev Fotos: Dmitrij Leltschuk

Wildwest in Fernost

Erst der Zusammenbruch der Sowjetunion, dann die Massenarbeitslosigkeit: Im äußersten Südosten Russlands, in der Region Primorje am Japanischen Meer, leben neun von zehn Menschen von illegaler Krabbenfischerei. Die Behörden verdienen mit

Oben **Alexander Ratnikow, Meeresbiologe in Primorje**
Rechte Seite **Halbinsel Gamow in Russlands fernem Osten**
Vorherige Doppelseite **Zwei Wilderer bei der Arbeit. Der Taucher holt die Beute, sein Komplize hievt sie aufs Boot**

IM ÄUSSERSTEN SÜDOSTEN RUSSlands, in einer Kleinstadt am Meer namens Slawjanka, besitzt Pawel Pijko eine Touristenanlage. Sie heißt „Aqua". Das von ihm belegte Stück Strand ist voll von Booten mit verlockenden Schildern wie „Ausflüge!", „Grotten!", „Seehunde!". Dazu gibt es diverse selbst gebaute Strandvergnügen. Eine Wasserrutsche etwa besteht aus vier aufeinandergetürmten Müllcontainern mit einem angeschweißten halbierten Metallrohr. Oben wird durch ein Pumpsystem kaltes Wasser eingeleitet, das am unteren Rand in ein aufblasbares Becken fließt. Die Mitarbeiter, baumstarke Kerle mit nackten Oberkörpern, wuseln im Sand und bedienen die Technik.

Der Chef selbst, um die 35 Jahre mit Goldzähnen und Goldkette, das Hemd bis zum Nabel aufgeknöpft, nippt an einem Bier und wirft hin und wieder einen Blick hinüber zu den Überwachungskameras. Er ist gastfreundlich und zuvorkommend, aber irgendetwas verrät, dass er im Zorn fähig ist, seine Leute knallhart zu bestrafen. Anatoli, sein ältester Sohn, ist ein mürrischer, schweigsamer 16-jähriger Bursche. Exmatrose Andrej, Spitzname Boroda, zu deutsch „Bart", ist ein älterer Mitarbeiter der Anlage. Die drei sind der Kern der Mannschaft, die an diesem Sommernachmittag einen Kutter besteigen und hinaus aufs Meer fahren wird.

Dass die Männer nicht zu einer Spritztour zu den Grotten aufbrechen, weiß hier jeder. Sie haben Wichtigeres vor: die Kontrolle der Reusen. Die geplante Route führt von Slawjanka bis zur Insel Stenina im Rimski-Korsakow-Archipel, gleich an der Grenze des Fernöstlichen Meeresnaturreservats, zu dem die Zufahrt ohne Genehmigung verboten ist.

Die Schutzanzüge sind angelegt, der gewaltige Yamaha-Außenbordmotor am Heck ist angeworfen. Heiß brennt die Augustsonne, doch die Ruhe ist trügerisch. Das Japanische Meer ist berühmt dafür, dass sich binnen kürzester Zeit aus dem Nichts ein Sturm entwickeln kann.

Kaum hat der Kutter die Bucht verlassen, kommt er tatsächlich, der berüchtigte Nordwind, der Schrecken der gesamten Kleinschiffflotte des Fernen Ostens. Böen zerren jetzt am Schiff, das immer wieder in tiefe Wellentäler stürzt, doch Boroda und Anatoli qualmen in aller Seelenruhe ihre Papirossy, nur ein Tänzchen an Deck fehlt noch. Boroda lacht. „Ja, so sieht es aus, das Los des Fischwilderers."

Pawel Pijko, Boroda und Anatoli leben von illegaler Fischerei. Ein harter Job. Doch sie sind nicht die Einzigen, die ihn ausüben. Die gesamte Wasserfläche im Rajon Chassan, dem südlichsten Landkreis der Region Primorje, ist ab fünf Meter Tiefe voller illegaler Krabbenreusen. Reusen werden das ganze Jahr hindurch ausgesetzt und geleert, ohne Rücksicht auf Laichphasen, Wetter oder Tageszeit.

Gefischt wird mit allen Mitteln: mit Tauchern, mit Krabbenreusen und sogar mit Netzen, in denen alles, was lebt, innerhalb weniger Stunden zu Tode kommt. Die Wilderer müssen zusehen, dass sie ihre Ausgaben wieder hereinbekommen – ein guter Kutter kostet eine Million Rubel, umgerechnet 18 000 Euro, jede Reusenanlage eine weitere Million. Die Konkurrenz schläft nicht: Angeblich arbeiten allein in Slawjanka 15 selbstständige Wildererteams, sogenannte Brigaden, solche wie die von Pawel Pijko, die als Touristenanlagen getarnt sind. ➤

Die Wilderer Andrej (links) und Tolik haben im Hafen von Posjet festgemacht und sortieren am Bord ihres Kutters die gefangenen Krabben

Viele im Westen stellen sich das asiatische Russland als Reich der Kälte und Finsternis vor, das Meer dort als ewige Eiswüste. Es ist ein falsches Bild. In der Region Primorje wehen subtropische Monsunwinde, erinnert das Meer im Sommer an das Paradies der Bounty-Werbung, und Wladiwostok, die Hauptstadt der Region, liegt etwa auf der Breite von Nizza.

Für Russen östlich des Baikalsees ist Primorje eine Gegend mit erschwinglichen Badeorten. Außerdem ist das Japanische Meer eines der an Bioressourcen reichsten Gebiete. Die einzigartigen Spezies in diesen Gewässern, gigantische Krabben, Seegurken, Kammmuscheln, erfreuen sich enormer Nachfrage. Und warum sollte man die nicht stillen?

Eine Redensart in Primorje heißt: Bist du nicht Milizionär oder Rentner, dann bist du Wilderer. Das Ende der Sowjetunion, die Öffnung der Grenzen sowie der Mangel an legalen Arbeitsplätzen, sie haben einen regelrechten Wildereiboom ausgelöst. Es gibt keine Arbeit mehr außer der, die mit dem Meer zu tun hat, und zugleich hat sich die Möglichkeit aufgetan, die Ware ins nahe China abzusetzen.

Die Chinesen sind überall, und man weiß inzwischen, was ihnen schmeckt. Und dass sie Seegurke als Potenzmittel schätzen. Getrocknete Seegurke zum Tee, gegrillte Seegurke zum Barbecue, Seegurke als Heilmittel nach einer Chemotherapie – die Anwendungsmöglichkeiten dieses Zaubermittels scheinen unerschöpflich. Genauso ist es mit den Krabben. An den russischen Küsten des Japanischen Meeres kommen vier große Arten vor, die Kamtschatkakrabbe, die Haarkrabbe, die Schneekrabbe und die Stachelkrabbe. Jede dieser vier Arten ist in China und Korea seit Hunderten Jahren die Grundlage für Dutzende Delikatessen und Heilmittel, jede hat ihre astrologische Entsprechung im Mondkalender, jede ist einem Fest oder Datum zugeordnet.

Offiziell ist Fischwilderei in Russland natürlich verboten. Doch in der Realität verdient fast jeder in Primorje direkt oder indirekt sein Geld mit illegaler Fischerei. Da gibt es Betriebe wie der von Pijko, jene Brigaden, die auf unterem Niveau arbeiten: Ihren Fang verkaufen sie an Touristen am Strand und an Restaurants, außerdem per Auto und Flugzeug in ganz Russland, allerdings nur an ihnen bekannte Absatzmärkte. Im Rajon

Chassan gibt es etwa 50 kleine und mittelgroße Wildereibetriebe.

Die Chefs dieser Betriebe heuern Arbeiter an, oft Verwandte und Bekannte, geschätzt werden auch Expolizisten oder ehemalige Mitarbeiter der Fischereiaufsicht. Eine Brigade besteht meist aus fünf oder sechs Kuttern. Die Qualität der Boote ist zweitrangig, Hauptsache, sie verfügen über starke japanische Motoren, die es erlauben, sich jeder Verfolgung zu entziehen. Um die Steuerbehörden zufriedenzustellen, führen die Brigaden nebenbei einen legalen Betrieb: eine Touristenanlage, einen Aquapark, ein Restaurant.

Die Polizei erhält von „Aqua" – wie von allen anderen Touristenanlagen – eine Art Korruptionssteuer, die sich in unterschiedlichen Formen ausdrücken kann – schlicht in Geld, in Produkten aus der Wil-

Oben **Inspektor Nikolai Sliwin (links) hat einen Mann erwischt, der sich illegal im Naturschutzgebiet aufhält; es ist ein früherer Kollege**
Unten **Holzhäuser in der Wildnis – das Leben in der Region Primorje ist rau**

Oben Sergej Fedin (rechts) lebt davon, Atemluftflaschen der Wilderer aufzufüllen. Beim Bersten einer Flasche verlor er sein Bein
Unten Sergejs Tochter hilft ihm im Alltag

derei oder auch in Tauschgeschäften. Es gibt viele alte Freundschaften zwischen Wilderern und Polizisten, viele haben gemeinsam die Schulbank gedrückt. So verwundert es nicht, dass in Primorje 90 Prozent der Bevölkerung in illegale Geschäfte verwickelt ist.

Ein anderes Niveau stellen die illegalen industriellen Betriebe dar. Sie sind Teil eines groß angelegten Korruptionssystems. Ihnen stehen bis zu 20 kleine Flottillen zur Verfügung. Die Leute, die darauf arbeiten, bekommen ein Gehalt. Die Flottillen können ihre Reusen tiefer und großflächiger installieren. An Land haben sie Fabriken, in denen der Fang industriell verarbeitet wird. Von dort geht die Ware für Millionen Dollar weg.

Sergej Bochmann wildert nur für den eigenen Bedarf

Und es gibt noch eine dritte Gruppe: die Betriebe, die legal arbeiten. Der industrielle Fischfang untersteht nämlich offiziell einer Quotenregelung. Im Auftrag des Pazifischen Forschungsinstituts für Fischerei und Ozeanografie, Tinro genannt, werden die Ressourcen des Japanischen Meeres permanent beobachtet. Gegen Ende jedes Jahres wird schließlich festgelegt, wie viele Tonnen welcher Spezies in der kommenden Saison in welchem Gewässer gefischt werden darf.

Die Kleinschiffe von Firmen, die offizielle Quoten besitzen, sind die größten Feinde der Fischwilderer. Mit großen Schleppnetzen durchkämmen sie den Grund – eine Methode, die tatsächlich erlaubt ist –, und nebenbei erwischen sie zu Tausenden die Reusen der Wilderer. Am komischsten ist, erzählt Pijko, dass viele Kapitäne die Reusen am Ufer gleich wieder verkaufen.

Die Folgen der exzessiv betriebenen illegalen wie legalen Fischerei sind dramatisch. „Es hat keinen Sinn mehr, Krabben zu fischen. Die Reusen bleiben kilometerweise leer. Die Kamtschatkakrabbe ist praktisch verschwunden, die letzten Schneekrabben und Stachelkrabben sind aufgegessen", jammert Pijko. „Ich bin Realist. Früher hatte ich vier Kutter nur für den Krabbenfang und habe bis zu einer halben Million Rubel im Monat verdient. Jetzt hab ich nur noch einen Kutter. Sogar die hartnäckigsten Krabbenfreaks unter uns raufen sich die Haare und fragen sich, wie es weitergehen soll."

Um die Zukunft geht es auch an diesem Nachmittag am Hafen von Sarubino. Dort hat sich der Parkplatz mit gepanzerten Geländewagen gefüllt. Die Chefs von 18 Wildererbrigaden haben eine Konferenz einberufen. Alles ist vorbereitet wie bei einer Ratssitzung, mit Tagesordnung, Vorträgen und Debatten.

Es wird beschlossen: erstens die Preisobergrenze für Krabben festzulegen, damit es keinen Anreiz mehr gibt, wegen der Mangelsituation die Preise zu treiben und sich so zu bereichern; zweitens nicht mehr an Laichplätzen von Krabben zu fischen, auch nicht dort, wo Seegurken ihre Geschlechtszellen ins Wasser abgeben; drittens darauf zu achten, dass niemand Jungtiere und Weibchen kauft oder verkauft.

Damit trennt man sich. Jeder Brigadechef weiß: Die Rettung der Ertrinkenden liegt in der Hand der Ertrinkenden selbst, wie Ilf und Petrow, das berühmte sowje-

Oben **Inspektor Nikolai Sliwin trinkt Tee nach einem Einsatz im Naturschutzgebiet**
Rechte Seite **Auch Sliwins Kollege Anatoli Tizki hat Feierabend**

tische Prosaduo der 1930er-Jahre, einst in „Das goldene Kalb" schrieben.

Das Fernöstliche Meeresnaturreservat, ein Unesco-Biosphärenreservat, ist die Schlüsselinstitution im Kampf gegen die Wilderei, mehr noch, eine für ganz Russland einzigartige Institution. Das Reservat umfasst 64 316 Hektar, deutlich größer als der Bodensee. 98 Prozent des Reservats besteht aus Wasserfläche, nur hier und da gehört ein schmaler Küstenstreifen ebenfalls dazu.

So ergeben sich merkwürdige Situationen: Da kommen ahnungslose Touristen angereist, um am Meer Urlaub zu machen. Sie stellen ihr Zelt auf, entzünden ein Lagerfeuer, hinterlassen Müll. Sie können sich der Natur gegenüber so rücksichtslos benehmen, wie sie wollen – die Inspektoren des Naturschutzgebiets haben kein Recht einzugreifen. Wenn aber der Tourist auch nur bis zu den Knien ins Wasser geht, sind dieselben Inspektoren verpflichtet, ein Protokoll aufzunehmen.

Oberster Naturschützer und Kämpfer gegen die Wilderei ist Direktor Sergej Dolganow. „Ich sage immer zu meinen Mitarbeitern: Glaubt nicht, dass ihr Wächter seid. Ihr seid Soldaten, die in vorderster Linie das Japanische Meer schützen. In eurem Rücken habt ihr die letzten Reichtümer der Bucht Peters des Großen, die Filetstücke. Entspanntes Beobachten gibt's hier nicht! Ihr habt alle Rechte, zu handeln. Also handelt entsprechend!"

Im Grunde könnte man die Wilderei von heute auf morgen beenden. Der russische Staat wäre daran durchaus interessiert, schließlich stellen Wilderer für die staatliche Fischerei eine reale Konkurrenz dar. Von Zeit zu Zeit werden große demonstrative Operationen durchgeführt, sogar unter Beteiligung der russischen Pazifikflotte. Hunderte Tonnen illegal gefangener Krabben und Seegurken werden dann beschlagnahmt, die gefassten Wilderer hart bestraft.

Doch solche Aktionen bringen wenig. Denn die gesamtstaatlichen Interessen werden von den Ausführenden vor Ort, also in Primorje selbst, sabotiert. Für die Polizisten und Finanzbeamten auf Regions- und Rajonebene ist es vorteilhafter, Bestechungsgelder zu erhalten, als für ihr Gehalt den Interessen des Staates zu dienen.

Das gilt auch für die Inspektoren des Meeresnaturreservats. Es ist kaum festzustellen, wie ernsthaft sie tatsächlich gegen Wilderer vorgehen. Tatsache aber ist, dass ein großer Teil der Bevölkerung gegen das Naturschutzgebiet Krieg führt und es in diesem Krieg echte Opfer gibt. Vor Jahren wurden Inspektor Andrej Pererwa und sein Kollege erschossen, als sie Unbekannte festnehmen wollten. Rammen und Stehlen von Booten, Inbrandsetzen von Posten, Konfiszierung von Fahrzeugen und Fanggeräten der Wilderer sind hier Normalität.

Die Kutter der Inspektoren haben schwache Motoren, unter 115 PS, gegen die Riesenmotoren der Wilderer nehmen sie sich aus wie ein Moped gegen ein SUV. Allen acht Naturschutzstationen steht jeweils nur ein Kutter zur Verfügung. Außerdem hat jeder Gesetzesbrecher, selbst wenn er ertappt wird, mehr als genug Zeit, seinen Fang über Bord zu werfen. In diesem Fall bleibt den Inspektoren nur übrig, ihn für den illegalen Aufenthalt in Schutzgewässern zu bestrafen, laut Bußgeldkatalog von Primorje sind das 2000 Rubel. Für einen Profiwilderer eine lächerliche Summe. ➢

„Ich hatte mir eine Falle ausgedacht: Man deponiert auf jeder Station einen Sack mit frischen Seegurken. Wenn man einen Wilderer fasst, wirft man ihm den Sack an Bord und fotografiert das Ganze. Nur die Ehre der Uniform hält mich davon ab, das zu machen", sagt Dolganow. Die einzige effektive Taktik sei, den Feind am Arbeiten zu hindern: Sobald man ihn geortet habe, müsse man auf der Stelle auslaufen und ihm vor der Nase herumfahren.

Hinter dem Bergkamm zwischen der Teljakowski- und der Spassenie-Bucht, von wo man auf azurblaues Wasser blickt, liegt die Naturschutzstation des Ostteils. Heute haben dort die beiden jungen Inspektoren Nikolai Sliwin und Anatoli Tizki Dienst. Am Vormittag verläuft ihre Schicht ohne Vorkommnisse. Jeder, der sich auf der Wasserfläche des Naturschutzgebiets bewegt, muss eine schriftliche Erlaubnis haben, auf der eine Telefonnummer steht. Kommt kein Anruf, wird der Kutter flottgemacht und kontrolliert, wer da unterwegs ist.

In der Regel ist es nichts Ernstes. Meist sind es Touristen, die Kormorane oder Seehunde fotografieren wollen, mit viel Glück bekommen sie auch ein paar Zwergwale vor die Linse, die nur selten in die Bucht kommen. Manchmal begegnet man der „goldenen Jugend" aus Wladiwostok, Sprösslingen reicher Eltern, die hier gerne ihre schneeweißen Yachten spazierenfahren.

Gegen Mittag aber passiert etwas: Von der Roten Klippe her durchquert ein Boot mit mäßiger Geschwindigkeit die Bucht in südlicher Richtung. „Los, auf die Pferde!", gibt Sliwin das Kommando, und alle Mann klettern in den Kutter der Inspektoren. Gleich daneben liegt ein stärkerer Kutter, aber den dürfen die Naturschützer nicht benutzen, denn er wurde bei Wilderern beschlagnahmt und bleibt bis zur Gerichtsverhandlung an der Kette.

Eine geschlagene Stunde jagen die Inspektoren das schnelle Boot, das nicht zu fassen ist und die Kontrolleure zunächst wie absichtlich nicht abschütteln will. Längst wissen sie, dass es das Boot von Edik ist.

Die Inspektoren kennen Edik gut. Er wohnt in Sarubino und ist wie Pawel Pijko Besitzer eines Wildereibetriebs. Außerdem hat Edik eine Reparaturwerkstatt, in der er zu einem fairen Preis Defekte an Wasserfahrzeugen repariert, und dies sowohl für die Polizisten als auch für die

Grenzbeamte des russischen Inlandsgeheimdiensts FSB bei einem Streifzug durch die Nachodkabucht

Wildererkollegen. Edik ist mit allen befreundet und ruft bei den Polizisten und Inspektoren des Naturschutzgebiets eher ein gutmütiges Lächeln hervor. Sie kennen ohnehin Ediks Taktik: Er spielt mit den Inspektoren ein bisschen Fangen, während ein Komplize irgendwo in aller Ruhe die Beute aus dem Meer holt. Die Inspektoren nennen diesen Komplizen den „dritten Hasen", aber zu fassen kriegen sie ihn nie.

Im Süden der Schutzzone haben es die Inspektoren mit einer besonderen Art der Fischwilderei zu tun: der internationalen. So merkwürdig es auch klingen mag, der Kampf gegen ausländische Wilderei fällt den Russen leichter als die Verfolgung ihrer Landsleute.

Nicht weit entfernt vom Grenzpunkt Mramornaja, dem einzigen an der 17 Kilo-

Unten **Inspektor Mischa arbeitet nicht nur in einer der Naturschutzstationen, sondern wohnt auch dort**
Ganz unten **Grenzschützer Sergej Onischenko beobachtet das Meer**

Oben **Wilderer Max, hier mit Tochter Anna, bekommt für ein Kilogramm getrocknete Seegurken etwa 800 US-Dollar**
Linke Seite **Ein altes sowjetisches Delfinarium an der Vitjazbucht**

meter langen Grenze zwischen Russland und Nordkorea, zwischen der breiten sandigen Landzunge Nasimowo und der Mündung des Flusses Tumen, liegt ein Ort, der „koreanischer Schiffsfriedhof" genannt wird. Er würde als Location für einen Film über Schiffskatastrophen taugen. Hunderte, vielleicht Tausende leck geschlagener Barkassen mit ausgeblichenen koreanischen Schriftzeichen liegen, so weit das Auge reicht, aufeinandergetürmt und kreuz und quer auf einer Sandbank. In nicht ganz so beeindruckenden Mengen begegnet man solchen Barkassen überall im gesamten Grenzgebiet. Das Schicksal ihrer Besitzer ist wenig beneidenswert.

Nordkorea ist ja nicht nur das unfreieste Land, es ist auch besonders arm. Da es hermetisch abgeschlossen ist, weiß man hier wenig über die Bauern und Fischer an der Küste. Was man aber sagen kann: Für einen guten Fang gehen sie Risiken ein, und das eigene Boot ist ihr Reichtum, den es für sie womöglich nur einmal im Leben gibt.

Die bevorzugte Beute der Koreaner ist der Tintenfisch. Auf jenen maroden Kähnen, die später auf dem Friedhof ihre letzte Ruhe finden, verfolgen sie die Schwärme und geraten dabei in russische Gewässer. Manche sind allein, andere in Gruppen, der eine verletzt die Grenzen wissentlich, denn die Gewässer auf russischer Seite sind bekannt für ihren Fischreichtum, der andere gerät im Sturm unabsichtlich hierher.

Für die Inspektoren des Südteils ist die Festnahme von Nordkoreanern Routine. Die Barkassen werden konfisziert, die Gesetzesbrecher werden an die Grenzbeamten weitergereicht und dann, sofern sich bei ihnen an Bord keine illegale Beute findet, in die Heimat abgeschoben. In alten Zeiten, unter Kim Jong-Il, so erzählt man sich, wurden viele der Abgeschobenen gleich nach der Überquerung der „Brücke der Freundschaft", einer Eisenbahnbrücke über dem Grenzfluss Tumen, erschossen.

Stepan, Inspektor der Falschiwyinsel, sagt, es gebe zwei verschiedene Typen von nordkoreanischen Wilderern auf russischem Staatsgebiet. „Die einfachen Bauern jammern bei ihrer Verhaftung. In der Regel sind sie nach mehreren Tagen Hunger und Durst völlig entkräftet. Manche essen ihren gewilderten Fang lebendig auf und trinken ihren eigenen Urin. Sie verstehen kein Wort Russisch und reiben sich bloß mit den Händen den Bauch. Wenn man ihnen Wasser zu trinken gibt, weinen sie vor Dankbarkeit. Und von unseren Vorräten nehmen sie sich am liebsten die süße Kondensmilch, die trinken sie in einem Zug." Stepan hat immer eine Flasche mit Kondensmilch im Regal stehen mit der Aufschrift: „Für Koreaner".

„Wenn sie getrunken und gegessen haben, sitzen sie mucksmäuschenstill und mit versteinerten Gesichtern in derselben Küche, in der wir jetzt sitzen. Sie warten demütig ab, was mit ihnen geschieht. Der Verlust der Barkasse ist bitter für sie; sie werden ihn bis zu ihrem Tod nicht wettmachen können. Auf was hoffen sie, wenn sie in unsere Gewässer kommen, um zu wildern? Von uns nicht erwischt zu werden, natürlich. Und in den meisten Fällen werden sie auch nicht erwischt. Unsere Grenzen sind ja jetzt nicht mehr dicht."

Laut Stepan gibt es noch eine andere Sorte nordkoreanischer Wilderer. Diese

Russischen Wilderern hat sich die Möglichkeit aufgetan, die Ware ins nahe China abzusetzen – auch mithilfe nordkoreanischer Unterhändler. Die geografische Lage macht es möglich

stellen Krabbenreusen auf und fischen ähnlich wie die Russen. Sie sehen satter aus, wirken selbstsicherer, sind besser gekleidet, in Jeans und Hemd. In den letzten Jahren haben sie manchmal auch Mobiltelefone und GPS dabei. Diese Typen haben vor nichts Angst, bleiben ruhig, auf der Station marschieren sie in die Küche und sagen auf Russisch: „Gib Wasser, gib Salz!“ Offenbar sind das betuchtere Genossen mit einem guten Draht nach oben, die wegen der Grenzüberschreitung nichts zu befürchten haben.

Wer diese selbstbewussten Koreaner sind, bleibt ein Geheimnis. Dass es aber in Nordkorea Genossen gibt, die in internationale Wildereringe involviert sind, ist bekannt. Der millionenschwere illegale Handel mit Krabben, Seegurken und

Inspektor Mischa auf dem Weg zur Station. In der wasserdichten Box befinden sich Dokumente

Kammmuscheln wäre kaum möglich ohne Nordkoreas Beteiligung.

5.30 Uhr morgens. Nach einer verregneten Nacht wabert über den Bergen immer noch schwer der Nebel. Die Bucht Peters des Großen trägt am Horizont eine zottelige Ohrenklappenmütze. Und auf der Landstraße in beide Richtungen, so weit das Auge reicht, Busse und Laster. Und dann die Siedlung Kraskino. Hier gibt es die letzte Tankstelle, den letzten Taxistand, die letzte Imbissbude, es ist der letzte Stopp auf dem Weg aus Russland – allerdings nicht direkt nach Nordkorea, sondern nach China, in die Provinz Jilin und die Stadt Hunchun.

Seit zehn Jahren haben russische Staatsbürger das Recht, ohne Visum nach China zu reisen, allerdings nur auf touristischen Routen, in Gruppen mit mindestens fünf Personen und mit einer Rückfahrkarte. Vor allem Bewohner der Grenzregionen machen von dem Recht Gebrauch. Sie wollen sich entweder ärztlich behandeln lassen – die chinesische Medizin ist beliebt – oder Gebrauchsartikel einkaufen.

Für viele gibt es aber noch einen weiteren Grund. Jewgeni, ein energischer Reiseleiter aus Wladiwostok, sagt: „Sehen Sie die Fahrer dort? Ich sage Ihnen, mit Sicherheit hat jeder irgendetwas versteckt. Wenn nicht in der Innenverkleidung des Autos, dann unter den Radkappen; wenn nicht unter den Radkappen, dann im Jackenfutter. Jedem Transporter wird angeboten, zwischen zehn und 50 Kilogramm Seegurken oder Krabben hinüberzubringen. Jeden Tag überqueren hier zehn bis zu 100 Lkw die Grenze. Zählen Sie das einmal zusammen!"

Der Grenzübertritt dauert vier Stunden. Und plötzlich ist man in einer neuen Welt mit tadellos asphaltierten Straßen, ungewohnt vielen Menschen, Wohnhäusern längs der Straße und Sonnenkollektoren auf den Dächern.

In der 250 000-Einwohner-Stadt Hunchun ist alles auf Russland gepolt. Es gibt zweisprachige Schilder und Werbeplakate mit kuriosen Schreibfehlern. Taxifahrer und Marktschreier, Besitzer von Restaurants, Cafés und Geschäften, alle waschechte Koreaner und Chinesen, sie sprechen gebrochen Russisch, viele haben sich zusätzlich einen russischen Namen zugelegt. Die Meeresfrüchte in diesen Cafés und Restaurants sind ausschließlich aus Russland, und niemand versucht das abzustreiten, man zuckt bloß mit den Ach-

Die meisten Delikatessen, die auf dem Fischmarkt von Hunchun in China verkauft und zubereitet werden, stammen aus Russland

seln. Tatsächlich weiß hier jeder, auf welchen Wegen Millionen Tonnen lebendiger Bewohner des Japanischen Meeres hierher gelangen.

Das Geschäft funktioniert so: Im russischen Rajon Chassan betreibt der Unternehmer Konstantin F. 20 Wildererbrigaden und eine große Fischereiflotte, die in Andrejewka, Slawjanka, Posjet und Sarubino stationiert ist. Sie verfügt über die Möglichkeit, in Tiefen zu fischen, von denen Leute wie Pawel Pijko nur träumen können. Entsprechend groß ist die Ausbeute. F.s Ehefrau ist eine hochrangige Beamtin beim Zoll in Primorje.

F.s Unternehmen arbeitet auf Bestellung. Von chinesischer Seite kommt ein Anruf im Auftrag vom sogenannten Großvater Hu An, einem korrupten Unternehmer aus Hunchun: „Morgen brauchen wir neun Tonnen, übermorgen 15." Das Bestellte wird unverzüglich gefangen und nach Hunchun gebracht.

Der kleinere Warenstrom führt auf dem Landweg über Kraskino. Der große Warenstrom nimmt einen anderen Weg: Die frisch gefangenen Meeresfrüchte werden von F.s Kuttern auf hochseetüchtige Schiffe, hauptsächlich philippinische oder japanische, umgeladen. Die Kapitäne dieser Schiffe arbeiten für einen bestimmten Prozentsatz. Die großen Schiffe fahren einige Stunden nach dem Verlassen von Posjet an nordkoreanischen Gewässern vorbei.

Zu diesem Zeitpunkt nähern sich ihnen auf offenem Meer jene Genossen mit einem Draht nach oben, von denen Inspektor Stepan erzählt hat. Die Krabben, Seegurken, Kammmuscheln werden wieder umgeladen und nach Nordkorea transportiert, genauer gesagt, in die Freihandelszone Rason. China hat zwei Docks im Hafen von Rason für 50 Jahre gepachtet, und nun gibt es dort keine Kontrollen. Im letzten Schritt wird die Ware von Rason nach Hunchun in China gebracht. Auf der Strecke verkehren täglich an die 100 Lastwagen. Sie transportieren kontinuierlich Tonnen von russischen, als koreanisch deklarierten Meeresfrüchten nach China – denn in Nordkorea ist das Fangen von Seegurken und Krabben offiziell erlaubt.

Es sind Hunderte Millionen Dollar, die auf der „Straße der Meeresfrüchte", wie sie hier genannt wird, umgesetzt werden. Summen, die Pawel Pijko oder Edik niemals erreichen können. In ihren Reusen befinden sich Jahr für Jahr immer weniger Krabben. Um mehr zu fangen, müssten sie tiefer fischen. Doch dafür taugt ihre Ausrüstung nicht. Außerdem ist es das Revier gefürchteter Bosse wie Konstantin F. und dessen Handelspartner Großvater Hu An.

Wie soll es also für Pijko, Edik und die anderen Kleinen weitergehen? Eine Frage, auf die Boroda, Pijkos altgedienter Mitarbeiter, mit Sarkasmus antwortet: „Man kann sich eigentlich nur noch gegenseitig beklauen." Oder man gibt die Wilderei auf und geht legaler Arbeit nach.

Zumindest Edik macht es den anderen vor. Wie es heißt, wirft Ediks Hotel zunehmend Profit ab, und seine Bootsausflüge werden bei den Touristen immer beliebter.

Aus dem Russischen von Beate Rausch.

Alexei Anastasiev, Jahrgang 1976, Autor in Moskau, ließ es sich nicht nehmen, an seinem letzten Abend in China eine Haarkrabbe zu probieren. „Sie war in der Tat köstlich." Und sie war mit Sicherheit illegal aus Russland importiert.

Der weißrussische Fotograf Dmitrij Leltschuk, geboren 1975, wohnhaft in Hamburg, reiste zum ersten Mal in die Region Primorje, die als „Wilder Osten" Russlands bekannt ist. Nicht zuletzt, weil es dort kaum asphaltierte Straßen gibt.

Meerjungfrauen

Fundstücke aus Kunst und Literatur

Das märchenhafte Wasserwesen als Objekt der Sehnsucht, aber auch als Geheimnisträger der unergründlichen Natur ist ein Mythos, der Kunst und Literatur seit Jahrhunderten beflügelt. Der Maler Marc Chagall (1887–1985) hat 1945 aus den Märchen aus Tausendundeiner Nacht vier ausgewählt, um sie zu illustrieren. Es geht bei Dschullanâr, der Meermaid, wie bei allen um die Liebe – ein Jahr bevor Chagall die Arbeit am Zyklus „Arabische Nächte" begann, war seine Frau Bella unerwartet verstorben. Der Fischer, der im Märchen des irischen Schriftstellers Oscar Wilde (1854–1900) eine Meerjungfrau im Netz hat, gibt seine Seele hin, um sich mit ihr zu vereinen, eine überirdische Liebe, die letztlich nur im Tod Vollendung findet. Der deutsche Lyriker Peter Rühmkorf (1929–2008) verarbeitet die schicksalhafte Begegnung ein wenig unverklärter, das Mysterium in der Tiefe aber bleibt bestehen. *mw*

Peter Rühmkorf

Undine

Zieh sie an Land,
die säuselnde Sirene;
frag nicht, wer dich belügt –
Ein Kopf voll Haare und das Maul voll Zähne
genügt.

Schmeckt nur die Brust nicht schal;
wo hätte Wahnsinn je das Glück gemindert?
Du – krank im Geiste
und sie gehbehindert,
egal – egal.

Der Wind zieht an und schleift die Wolkenreiche;
l a n g s a m
steigt dir der Whisky
zum Zenit.
Wer weiß – du nicht! – ob auf der Knochenbleiche
nochmal die Primel blüht.

Ob das nochmal zuhauf,
nochmal zusammenkommt, der Wust an Gotteswundern …
Schon – schnappen – deine Lungen
wie zwei Flundern,
die Jadebucht reißt auf:

W a s s e r s t r ö m t v o r ,
ein Sturmtief wirft
Meerflocken über das entflammte Laken.
K o m m, k u c k e n, K u n s t :
die japsenden Kloaken –
der Bagger seufzt und schlürft.

Oscar Wilde

Aus: Der Fischer und seine Seele

Und sie sang ein wundersames Lied. Denn sie sang von dem Meervolk, das seine Herden von Höhle zu Höhle treibt und die kleinen Kälber auf den Schultern trägt; von den Tritonen, die lange grüne Bärte und eine behaarte Brust haben und die auf gedrehten Muscheln blasen, wenn der König vorbeizieht; von dem Palast des Königs, der ganz aus Bernstein ist, mit einem Dach aus reinem Smaragd und einem Boden aus schimmernden Perlen; und von den Gärten des Meeres, wo den ganzen Tag die großen Filigranfächer aus Korallen wedeln und die Fische gleich silbernen Vögeln umherschießen und die Anemonen sich an die Felsen klammern und die Nelken aus dem gerippten gelben Sand sprießen. Sie sang von den großen Walen, die aus den Nordmeeren kommen und spitze Eiszapfen an ihren Flossen haben; von den Sirenen, die von so wundersamen Dingen erzählen, dass die Kaufleute ihre Ohren mit Wachs verstopfen müssen, damit sie sie nicht hören und ins Wasser springen und ertrinken; von den gesunkenen Galeeren mit ihren hohen Masten und den erstarrten Matrosen, die im Takelwerk hängen, und den Makrelen, die durch die offenen Ladeluken ein- und ausschwimmen; von den kleinen Entenmuscheln, die große Reisende sind und sich an den Kiel der Schiffe heften und rund um die Welt fahren; und von den Tintenfischen, die im Klippenhang wohnen und ihre langen schwarzen Arme ausstrecken und es Nacht werden lassen, wenn sie wollen. Sie sang von dem Nautilus, der sein eigenes Boot hat, aus einem Opal geschnitten und durch ein seidenes Segel getrieben; von den glücklichen Meermännern, die auf Harfen spielen und den großen Kraken in Schlaf zaubern können; von den kleinen Kindern, die die schlüpfrigen Tümmler packen und lachend auf ihren Rücken reiten; von den Seejungfrauen, die im weißen Schaum liegen und den Seeleuten die Arme entgegenstrecken, und von den Seelöwen mit ihren gebogenen Hauern und den Seepferden mit ihren wehenden Mähnen.

Marc Chagall

Motiv „739. Nacht“ aus „Die Geschichte von Dschullanâr, der Meermaid, und ihrem Sohne“, aus dem Zyklus „Arabische Nächte“, 1948, Farblithografie, 37 mal 28 Zentimeter, Sprengel Museum, Hannover

1

Der Krimkrieg von 1853 bis 1856 ist nicht nur eine stumpfsinnige Materialschlacht, der erste totale Krieg und eine Vorahnung von Verdun. Mit der neuen Telegrafie und der Fotografie ist er auch der Beginn der modernen Kriegsberichterstattung

Text: Holger Kreitling
Fotos: Roger Fenton

Als die Fotos

2

lügen lernten

3

IN EINEM KRIEG, DER SICH IM ENTSCHEIDENDEN Moment um die Belagerung eines Seehafens – Sewastopol – drehte, war es nur konsequent, wenn die Berichterstatter mit dem Schiff anreisten. 1854 bestieg William Howard Russell ein Schiff in Southampton, das die englischen Horse Guards nach Malta bringen sollte – vorerst als Mahnung, England könne sich an dem beginnenden Krimkrieg beteiligen. Als dies geschah, fuhr die Flotte samt Russell über Gallipoli nach Warna am Schwarzen Meer, das heute zu Bulgarien gehört. Er war 34 Jahre alt, Gesandter der „Times“ und einziger Journalist bei den Truppen.

Als die Flotte am 17. September 1854 nördlich von Sewastopol landete, kündete er den Lesern von ungeahnten Wassermassen, allerdings nicht im Meer. Es fing an zu regnen. Es goss. Russell schrieb: „Selten oder nie sahen sich 27 000 Engländer in einer erbärmlicheren Lage.“ Man hatte nämlich keine Zelte für die Truppen an Land gebracht, Decken und Mäntel der Soldaten weichten durch, die meisten Männer schliefen in Pfützen oder in Bächen. Die französischen Truppen waren dagegen gut gerüstet. Russell bemerkte Lazarette, Brot- und Keksbäckereien, Planwagenzüge für die Beförderung von Vorräten und Gepäck. „Unser großer Marinestaat wurde durch einen einzigen Dampfer repräsentiert, der einem Privatunternehmen gehörte.“ Diese anklagende Tonlage sollte in den folgenden Monaten noch oft in der „Times“ zu lesen sein, mit weitaus schlimmeren Schilderungen.

Es war der Auftakt einer Berichterstattung, die die Öffentlichkeit des ruhmreichen britischen Weltreichs aufbrachte und die Bewertung des Krimkriegs und seiner katastrophalen Umstände entscheidend prägte. Russell gilt seitdem als der erste moderne Kriegsberichterstatter, ein Wort, das er selbst hasste. Aber der Mann notierte eben genau und aus eigener Anschauung, wie es den Soldaten erging, wie die Schlachten geschlagen wurden, wie wenig Glorie zuweilen im Kampf ist. Die Realität des Krieges, ungefiltert erzählt. Seine Depeschen waren in England eine Sensation. Sie sind auch heute noch fesselnd zu lesen.

Als die Engländer ihre Schiffe verließen, hatte jeder laut Russell eine Proviantasche mit Pökelfleisch und Zwieback dabei. Außerdem eine Feldflasche für Wasser, eine Ration Brandy, ein Gewahr samt Bajonett, 50 Schuss Munition für die Minié-Gewehre, 60 Patronen für Gewehre mit geradem Lauf. Besonders die neuen Minié-Gewehre richteten im Krimkrieg verheerende Verletzungen an. Sie schlugen durch die Körper und hinterließen schreckliche Wunden.

Russell geriet schon bald in die Schlachten. Am Warna-Fluss dokumentierte er das Sterben, beschrieb, wie Tausende Leichen auf dem Feld lagen, Verwundete, die elendig Durst litten und schrien. Die verletzten Engländer mussten fünf Kilometer auf Tragen zur Küste geschafft werden, die Franzosen hatten Sanitätsfuhrwerke dabei. Die Militärs waren an gewaltige Verluste gewohnt, sie nahmen eine hohe Sterblichkeit unter Verwundeten hin. Russell schrieb: „Die einfachsten Hilfen in einem Krankenhaus fehlen. Und so weit ich sehen kann, sterben diese Männer, ohne dass die geringste Anstrengung unternommen wird, sie zu retten." Die britischen Leser waren bald erschüttert und empört.

Die Militärs verachteten und fürchteten Russell zugleich. Sie verweigerten zunächst jede Unterstützung, Russell bekam kein Pferd, kein Zelt, keine Nahrung, er musste sich alles organisieren. Kein Offizier sollte mit ihm sprechen, und doch schaffte der Reporter es immer wieder, sich mit Soldaten anzufreunden und auch mit höheren Rängen zu sprechen. „Ein vulgärer, einfacher Ire, der gerne singt, jedermanns Brandy und Wasser trinkt und ständig Zigarren raucht", schrieb einer. „Er ist genau der Mann, der sich Informationen verschaffen kann, besonders bei jungen Soldaten." Sein Humor und sein forsches Auftreten halfen ihm. Russell trug eine seltsame Mütze, Infanterierock, Reithose und Metzgerstiefel. Von General Pennefather ist verbürgt, wie er bei seinem Anblick „Zum Teufel, Sir, wie sehen Sie denn aus?" rief. Russell könne doch wohl nichts vom Schlachthandwerk verstehen. Russell erwiderte, das sei so, aber es gäbe hier etliche Männer, die nichts davon verstünden. Da lachte der General.

Später sinnierte Pennefather, er hätte der Regierung viel Ärger erspart, wenn er den Journalisten nach Hause geschickt hätte. Der Oberbefehlshaber sah wegen der Kritik seinen Ruf ruiniert. Es gab Anfeindungen gegen den Journalisten, auch wegen Geheimnisverrats. Die „Times" schützte ihren Autor, wo sie konnte. Ende Oktober 1854 erlebte er die Schlacht von Balaklawa und die seitdem berühmte Attacke der Leichten Brigade. Englische Reiterei wurde auf ein Feld gegen russische Kanonen geschickt, mehr als 600 Männer mit blanken Säbeln. Es war ein Gemetzel. Um zehn Minuten nach elf Uhr ritten sie los. „Um fünf nach halb zwölf war kein einziger britischer Soldat mehr vor diesen Moskowiter Kanonen, nur Tote und Sterbende."

Russell ließ nichts aus, er nannte die Fehler, die Verantwortlichen, Namen der Toten. Im Dezember veröffentlichte Alfred Lord Tennyson ein berührendes Gedicht über den Fall der Leichten Brigade. Bald debattierte das Parlament in London über den Zustand der Armee und stützte sich auf Russells Berichte. Ein Untersuchungsausschuss wurde eingesetzt. 1855 stürzte das Kabinett deswegen.

Viele Menschen in England suchten nach Auswegen, schon vor Beginn der kritischen Berichte. Für die medizinische Versorgung fehlten Material und Krankenschwestern. Die „Times" sammelte Tausende Pfund für eine Krimhilfe. Kriegsminister Herbert bat eine Freundin der Familie um einen Hilfseinsatz, diese bot sich ihrerseits selbst schriftlich an, die Briefe überkreuzten sich. So kam Florence Nightingale ins Spiel.

Die 34-Jährige war damals Vorsteherin eines Krankenhauses für behinderte Damen in London. Sie hatte sich seit der Jugend leidenschaftlich mit Krankenpflege beschäftigt, eine fähige Organisatorin und manchmal herrische Person. Mit 38 Schwestern traf Nightingale Anfang November 1854 in Istanbul ein, wo das Hauptquartier und die Lazarette der Briten lagen. Gerade kamen die Verwundeten der Schlacht von Balaklawa an. Die Zustände

Lesen Sie bitte weiter auf Seite 40

1
Miltärisches Zeltlager bei Balaklawa. Die Hafenstadt ist die Basis der britischen Soldaten im Krimkrieg. Briten und Franzosen kämpften auf Seiten der Osmanen

2
Britische Soldaten beim Pausentee. Fentons liebevoll arrangierte Gruppenbilder zeigten den Krieg, wie er nicht war: friedlich

3
Eine Feldküche der 8. Husaren. Soldaten umstehen einen Koch bei der Essensausgabe. Links am Bildrand Fentons Dunkelkammerkutsche

4
Im Gegensatz zu Fenton lieferte er die ungeschminkte Wahrheit: William Howard Russell, Reporter der „Times". Er nannte die Fehler, die Verantwortlichen, Namen der Toten

4

5

5
Die Hilfsarbeiterinnen der Franzosen, *cantinières* oder *vivandières* genannt, verkauften Tabak, Wein und Essen an die Truppen

6
Auch wenn diese beiden Briten warm eingepackt sind – viele andere Soldaten mussten frieren. Im Sturm war Dampfer „Prince" gesunken und mit ihm die Winterbekleidung für 40 000 Mann

7
Das von Fenton verwendete Kollodiumverfahren, mit etlichen Sekunden Belichtungszeit, erforderte Stillleben. So entstanden viele Porträts, wie dieses von Prinz Eduard von Sachsen-Weimar-Eisenach

7

6

8
Britische Kriegsschiffe im Hafen von Balaklawa. Während der Belagerung von Sewastopol hatten die Briten hier ihre Basis

8

Der Krimkrieg
Europas erstes Verdun

9

Von Andreas Wenderoth

Der Krimkrieg ist der bedeutendste Konflikt in Europa zwischen den Napoleonischen Kriegen und dem Ersten Weltkrieg. Er beginnt 1853 nach einer Kette von diplomatischen Fehlern und Missverständnissen als zehnter Russisch-Türkischer Krieg: Frankreich, England und von 1855 an auch Sardinien kämpfen an der Seite des Osmanischen Reiches. Als erster moderner Stellungskrieg ist er besonders verlustreich, die meisten Soldaten sterben jedoch an Hunger, Seuchen und Krankheiten.

Am 28. Februar 1853 läuft das russische Kriegsschiff „Donnerer" ins Goldene Horn ein. An Bord: der Sonderbeauftragte des Zaren, Fürst Menschikow, mit allerlei Forderungen im Gepäck. Unter anderem den großherrlichen Befehl für die sofortige Ausbesserung der Kuppel über dem Christusgrab, ohne Mitwirkung der Katholiken. Außerdem drängt er auf einen Vertrag, der die Rechte der orthodoxen Kirchen „für alle Zukunft" regelt.

Die türkische Antwort trägt deutlich die Handschrift des britischen Botschafters in Konstantinopel. Ein Vertrag wird abgelehnt, weil er als Eingriff in die Souveränität des Sultanats betrachtet wird.

Wochen später entsenden England und Frankreich Truppen in Richtung der Dardanellen, unter der Versicherung, es handele sich nicht um einen feindseligen Akt. Sie wissen zu diesem Zeitpunkt nicht, dass der Zar bereits den Einmarsch von 80 000 Soldaten in die Fürstentümer Moldau und Walachei befohlen hat, ein altbewährtes Druckmittel gegenüber den Türken. Doch diese erklären ihm, aufgestachelt von den Briten, am 4. Oktober überraschend den Krieg. Zar Nikolaus macht Kompromissvorschläge, aber England und Frankreich sind nicht am Verhandeln interessiert – sie wollen Russland schwächen.

Am 2. November 1853 kommt es zum ersten Gefecht. Bei der Seeschlacht von Sinope wird ein Großteil der türkischen Flotte vernichtet. Die Russen setzen erstmals Sprenggranaten ein, deren Zerstörungskraft und Präzision den herkömmlichen Kanonenkugeln bei Weitem überlegen sind. Sie machen deutlich, dass die Zeit der hölzernen Kriegsschiffe vorbei ist.

Ende Januar 1854 schlägt Napoléon III. dem Zaren einen „ehrenvollen Vergleich" vor: die Rücknahme der Flotten, falls der Zar die Fürstentümer räumt. Doch ein Rückzug wäre ein Gesichtsverlust.

Hinter den Kulissen finden Drohungen und Beschwichtigungen statt, unzählige diplomatische Noten und Ränkespiele, Verdächtigungen auf allen Seiten, Schuldzuweisungen, Fristen. Und irgendwann die Einsicht, dass niemand mehr genau zu sagen vermag, worum es eigentlich geht.

Russland zieht sich aus den Donaufürstentümern zurück und hofft, mit kleinen territorialen Zugeständnissen wenigstens Österreich zufriedenzustellen. Die Westmächte sind enttäuscht, weil ihnen durch den Rückzug der Kriegsanlass fehlt. Aber Frankreich und England verweigern einen Waffenstillstand. Und überlegen, wo Russland am empfindlichsten zu treffen ist: in Sewastopol, dem bedeutendsten Kriegshafen am Schwarzen Meer.

Am 12. September 1854 erreicht die Flotte der Briten, Franzosen und Türken die Westküste der Krim. Fünf Tage dauert allein die Ausschiffung der Truppen. Nach einer Schlacht an der Alma, bei der die Alliierten einen Sieg erringen, ist der Weg nach Sewastopol frei. Die britischen und französischen Generäle entschließen sich für eine Belagerung.

Um die Hafenzufahrt zu blockieren, hat sich die russische Schwarzmeerflotte im Hafen von Sewastopol selbst versenkt. Damit kann die Festung nicht mehr von der Nordseite angegriffen werden.

Den alliierten Truppen steht mit General Totleben ein Ingenieursgenie im Dienst der Russen gegenüber. Der konstruiert ein unübersichtliches System aus vorgeschobenen Gräben, tiefgestaffelten Feldschanzen und gepanzerten unterirdischen Räumen. Nie zuvor in der Geschichte der Belagerungsführung hat es ähnlich Raffiniertes gegeben. Und die Alliierten behindern sich selbst. Aufgrund der Rivalität von Engländern und Franzosen fällt eine

10
Pause an einer britischen Mörserstellung. Fenton zeigte keine Kampfhandlungen – zu bewegt für die damalige Fotografie und zu blutig für seinen Auftraggeber

9
Kriegsrat am Morgen der Einnahme der russischen Mamelon-Bastion. Von links nach rechts: der britische Feldmarschall Lord Raglan, der osmanische General Omar Pascha und der französische Marschall Pélissier

Konzentrierung der Kräfte schwer, beide Armeen führen ihren eigenen Krieg. Einen Monat nach der Landung erfolgt schließlich das Bombardement. 30 000 Schuss feuern die Flotten ab und richten – bei hohen eigenen Verlusten – dennoch nur geringen Schaden an. Es ist nun klar, dass sich der Krieg hinziehen wird.

Die Belagerung von Sewastopol ist eine Vorwegnahme des industrialisierten Schützengrabenkriegs von 1914 bis 1918. Eine neuartige Materialschlacht, ein stumpfsinniges Gemetzel, der erste „totale Krieg“ und eine Vorahnung von Verdun. 150 Millionen Gewehrschüsse fallen, fünf Millionen Bomben und Granaten, die damals längste und teuerste Belagerung der Militärgeschichte, mit den schlimmsten Kriegswunden, die man bis zu diesem Zeitpunkt gesehen hat.

Bald betritt ein neuer Feind die Schlachtfelder, „General Winter“. Als Vorbote ein orkanartiger Sturm, der die Lager verwüstet. Mehr als 20 Schiffe werden an den Felsen zerschmettert, die „Resolute“ sinkt mit 900 Tonnen Schießpulver und auch der Schraubendampfer „Prince“ – mit ihm die Winterkleidung für 40 000 Mann. Der Winter raubt dem Krieg jeden Glanz. Zerlumpte Uniformen, Feuchte, viele Soldaten haben nicht einmal eine wollene Decke. Die Wachen sind erschöpft, infolge katastrophaler hygienischer Bedingungen wütet die Cholera, die Krankenzahlen steigen täglich. Fast ein Drittel der Armee ist dienstunfähig.

Angesichts zunehmender Erschöpfung auf beiden Kriegsseiten gibt es zuweilen ritterliche Höflichkeit zwischen den befeindeten Mächten; man belästigt sich immer weniger. Admiral Lyons schickt dem russischen Admiral Istomine einen Chesterkäse, um sich für einen Gefangenaustausch zu bedanken.

Die Sehnsucht nach einem Kriegsende ist so groß, dass es auch zu kuriosen Vorschlägen kommt. Die Russen überlegen, die Alliierten zu einem Schachspiel herauszufordern: Der Gewinner werde den vordersten Schützengraben erhalten, der unter großen Verlusten immer wieder den Besitzer gewechselt hatte. Tolstoi, selbst Offizier in Sewastopol, schlägt vor, den Krieg durch ein Duell zu entscheiden. Auch in Frankreich macht sich Kriegsmüdigkeit breit.

Nach elf Monaten Belagerung betragen die Verluste auf französischer Seite täglich bis zu 250 Mann, die der Russen zeitweise sogar 1000. Der Kampf ist zu einem Artillerieduell geworden. 160 000 Granaten gehen auf Sewastopol innerhalb von nur zehn Tagen nieder, den Russen fehlt es zunehmend an Munition. Nachdem der russische Oberbefehlshaber in nur drei Tagen fast 5000 Mann verloren hat, eine für damalige Verhältnisse unvorstellbare Zahl, beschließt er im September 1855, Sewastopol zu räumen.

Das große Feuer über der Stadt lodert mehrere Tage. Als die Alliierten einziehen, werden sie Zeuge entsetzlicher Szenen: Wegen des Mangels an Transportmitteln sind nicht alle Verwundeten evakuiert worden, etwa 3000 hat man im Glauben einer schnellen Einnahme ohne Nahrung und Wasser in der Stadt zurückgelassen.

Im Januar 1856 werden die letzten Docks von Sewastopol gesprengt, am 25. Februar beginnen die Friedensverhandlungen in Paris. Die wichtigsten Bestimmungen sind eine Bestandsgarantie für das Osmanische Reich, die Beendigung des russischen Protektorats über die Donaufürstentümer und die Neutralisierung des Schwarzen Meeres (Verbot für Kriegsschiffe): Der Expansionsdrang Russlands ist damit vorerst gestoppt. Aber schon zwei Jahrzehnte später wird es erneut in der Lage sein, gegen das Osmanische Reich Krieg zu führen.

10

waren katastrophal. Es fehlte vor allem frisches Wasser, die Kranken liefen barfuß zur Latrine, die Böden waren schmutzig. Durchfall grassierte. Jede Matratze eines Verstorbenen wurde sofort von einem Sterbenden belegt.

Die Militärärzte blieben lange skeptisch bis ablehnend; man hielt sie für eine Spionin des Kriegsministers. Nightingale schrieb tatsächlich ständig an den Minister, aber meist, um Spenden und Hilfsgüter zu erbitten und Reformen vorzubereiten. Sie organisierte mit eiserner Disziplin den Betrieb in Istanbul um. Sie richtete Waschdienste ein, kaufte Boiler, Eimer, Decken, Socken, Hemden, Bettpfannen, die Schwestern arbeiteten rund um die Uhr.

Und es kamen die Verwundeten der Schlacht von Inkerman, Tausende mit Schusswunden und schlimmen Infektionen. Sie erweiterte die Krankenflügel, ließ Badezuber bereitstellen, pochte auf unbedingte Sauberkeit. Das Krankenessen wurde anders zubereitet, Gemüse und Obst beschafft. Ein Café und Leseräume fanden den Zuspruch der Genesenden. Und in der Nacht machte Nightingale angeblich die Runde mit einer Leuchte oder Kerze in der Hand, um den Soldaten Trost und Mut zuzusprechen. Bald nannten Verwundete und die Presse sie „die Dame mit der Lampe", das Bild wurde schnell populär. Eine Legende war geboren, *the Lady with the lamp*, die berühmteste Krankenschwester der Welt und bekannteste Frau des Empire nach Queen Victoria. Ein PR-Coup.

Die Todesrate in den Istanbuler Lazaretten stieg dennoch rasend an. Es gab Cholera, Typhus, Ruhr. Im Februar starb mehr als die Hälfte der Patienten, darunter viele Leichtverletzte. Erst im Frühling stellten Experten fest, dass ein Krankenhaus über einer Senkgrube stand und Jauche ins Trinkwasser sickerte. All ihre Hinweise auf Hygiene waren vergeblich gewesen. Nach Umbauarbeiten wurde es besser. Bald darauf erkrankte Nightingale selbst am Krimfieber, sie zog sich zurück, blieb aber in Istanbul, um statistische Daten zu sammeln und zu analysieren.

11
Roger Fenton, hier in der Tracht der Zuaven, einer Eliteeinheit der französischen Armee. Fenton durfte nicht fotografieren, was er sah, die Greuel, die Toten, die Verwundeten. Glorreiche Kriegsproganda – dafür hatte ihn Prinz Albert auf die Krim geschickt. Die Erfindung der Fotografie war erst ein paar Jahre alt, aber ihre Macht schon gefürchtet

12
Mit seiner fahrbaren Dunkelkammer begleitete Fenton das britische Heer. Er fotografierte vor allem die höheren Ränge, weniger die einfachen Soldaten. Hier auf dem Bild: sein Assistent Marcus Sparling

11

Und dann kamen die Bilder von der Krim, zuerst gedruckt in der weniger kritischen „London Illustrated News". Der erste Kriegsfotograf der Geschichte hieß Roger Fenton, ein Engländer aus wohlhabendem Haus. Er traf sich am 20. Februar 1855 in London am Blackwall Pier mit zwei Männern, einer hieß Marcus Sparling, der andere ist nur als William bekannt. Sie hatten 36 Kisten dabei, darin 700 Glasplatten, fünf Kameras mit Objektiven, verschiedene Chemikalien, Schalen, Wannen, dazu gepökeltes Fleisch, Wein, Kekse, Futter für drei Pferde und ein Zelt. Das größte Stück war eine umgebaute Kutsche, die einem Weinhändler gehört hatte: seine mobile Dunkelkammer. Die Männer schafften das Material an Bord der „Hecla". Zwei Wochen später traf das Schiff im Hafen von Balaklawa ein.

Fenton, 36 Jahre alt, war Rechtsanwalt und Maler. Die Fotografie hatte er ein paar Jahre zuvor kennengelernt; seine Aufnahmen von Landschaften und Häusern waren in London ausgestellt worden. 1852 war Fenton nach Russland gereist, um dort Fotos zu machen. Es gab zwei Gründe für ihn, den Krimkrieg zu erleben: Ein Verleger in Manchester, der sich Gewinn erhoffte, hatte Fenton beauftragt, die Bilder zu machen. Und die Politik: Die Öffentlichkeit sollte ein anderes Bild vom Krimkrieg bekommen, ein weniger schreckenerregendes als das aus Russells Berichten. Der Kriegsminister unterstützte die Fahrt, der Generalstab war informiert und sollte helfen. Prinz Albert, Gemahl der Königin Victoria, hatte persönliche Empfehlungsschreiben für Fenton erstellt. Noch ein PR-Coup, eine Werbekampagne.

In Gibraltar hatte Fenton Pferde mitgenommen; nach der Ankunft versuchte er, Sattel und Zaumzeug aufzutreiben, was sich als nahezu unmöglich erwies. Beim Ausladen der Ausrüstung stürzte er und brach sich einige Rippen, was jeden Gang und erst recht jeden Ritt zur Qual machte.

Lesen Sie bitte weiter auf Seite 44

12

13

13
Florence Nightingale (Foto nicht von Fenton) ist Begründerin der modernen westlichen Krankenpflege. Sie traf in Istanbul auf katastrophale Zustände. Dort war man nicht vorbereitet auf Tausende Verwundete – Opfer eines neuartigen Grabenkriegs mit Materialschlachten

14
Sir George de Lacy Evans, 1787–1870, britischer General und Politiker, befehligte die 2. Division der britischen Armee. Er kämpfte in der Schlacht an der Alma und in der Schlacht von Balaklawa

14

15

15
Aimable Jean Jacques Pélissier, Herzog von Malakoff (1794–1864), war ein französischer Staatsmann und Marschall von Frankreich, der als Eroberer Algeriens und der Festung Sewastopol bekannt wurde

16
Britisches Zeltlager bei Kadikoi. Der Krieg der Alliierten war schlecht geplant. Die Befehlshaber besaßen keine Karten und stützten sich auf veraltete Berichte. Man glaubte, der Winter sei mild

17
Isabella „Fanny“ Duberly begleitete ihren Mann Henry an die Front. Sie war die einzige Frau, die den Krieg vom ersten bis zum letzten Tag aus nächster Nähe erlebte. Sie sah die Schlacht von Balaklawa und den Fall der Leichten Brigade, überstand den harten Winter 1854/55 und ritt durch die Ruinen von Sewastopol. Ihre Eindrücke hielt sie in Briefen und Tagebüchern fest, die sie später veröffentlichte

16

17

18
The valley of the shadow of death, **„Tal des Todesschattens“, nannte Fenton zwei seiner berühmtesten Bilder. Hier in der möglicherweise von ihm dramatisierten Version mit den verteilten Kanonenkugeln**

18

19

19
Die britische Sanitätsleitung, hier Dr. John Sutherland (links) und Dr. Robert Rawlinson, war überfordert. Es fehlte an Betten, frischer Kleidung und Verbandszeug. Operiert wurde unter freiem Himmel

An seinen Verleger schrieb er überrascht, die Zustände seien besser, als es die Lektüre der „Times" vermuten lasse. Seiner Frau Grace berichtete Fenton vor allem, was er zu essen bekam. Nach einem Dinner zählte er Suppe, gebackene Leber und Speck, Hammel mit Brot, Käse, Bier, Sherry und Zigarren auf. Als er es nach Tagen schaffte, in Balaklawa Fotos zu machen, begann er mit der Aufnahme des Postamts seiner Majestät.

Damit kam die Kutsche zum Einsatz. Fenton hatte in ihre Fenster gelbes Glas eingesetzt, es gab darin destilliertes und normales Wasser in Fässern. Die Dunkelkammer musste jederzeit einsatzbereit sein. Fenton nutzte das sogenannte nasse Kollodiumverfahren. Die 35 mal 45 Zentimeter großen Glasplatten wurden gesäubert, dann im Dunkeln mit einer klebrigen Lösung beschmiert und in ein Bad mit Silbernitrat gelegt. So kam die Platte in die Kamera. Achtung, Aufnahme. Bei englischem Wetter blieb die Platte für etwa zehn Minuten feucht, so lange konnte der Fotograf mit der Kamera arbeiten. Auf der Krim war die Zeit kürzer. Danach musste das Bild sofort entwickelt werden. Also zurück in die Kutsche, weitere Lösungsbäder, schließlich die Fixierung, fertig war das Glasnegativ.

Es war heiß am Schwarzen Meer, noch viel heißer in der Kutsche. Staub und Fliegen machten Fenton zu schaffen, er schrieb seiner Frau von wahren Kämpfen mit Insekten. War das Bild fertig, musste es heil zurücktransportiert werden. Auf den schlechten Straßen gingen etliche kaputt. Die Kutsche war weiß, diente aber doch gelegentlich als Ziel von Schüssen. Um nicht ständig erklären zu müssen, wozu das seltsame Gefährt diente, schrieb der Fotoassistent Sparling „Photographic Van" in großen Lettern auf die Seite der Kutsche. Das erregte das Aufsehen der Truppe. Ständig kamen Soldaten und wollten fotografiert werden, was Fenton ablehnte. Er schilderte absurde Szenen: Männer, die die Tür der Dunkelkammer aufrissen, um hineinzusehen. Andere, die klopften und schrien: „Hey, komm raus und mach ein Foto von mir!" Wenn Fenton erklärte, das gehe nicht, war die nicht eben unberechtigte Frage, wozu er denn da sei, wenn nicht zum Fotografieren. Fenton schrieb: „Würde ich auf all die Bitten eingehen, wäre ich bis Weihnachten beschäftigt und hätte eine Goldgrube. Aber ich will doch unbedingt an die Front."

Er kam dahin, wenn auch nicht, um Schlachten zu fotografieren. Wegen der bis zu 20 Sekunden langen Belichtungszeit konnte Fenton nur unbewegliche Objekte und sehr still stehende Menschen aufnehmen. Er fotografierte Häfen, Städte, Landschaften, Geschützstellungen; er fotografierte Überlebende der Schlacht von Balaklawa; er fotografierte vor allem höhere Offiziere, einzeln und in Gruppen. Auch General Pennefather,

Die Karte illustriert den Kriegsverlauf und Gebietsgewinne. Grüne Pfeile zeigen die Bewegungen der russischen Truppen, orange Pfeile die der Alliierten, der gelbe Pfeil zeigt Österreich-Ungarns Einmarsch in die Walachei

der über William Howard Russell so gelacht hatte, wurde von Fenton porträtiert. Der Soldat sitzt in seinem Zelt am Schreibtisch, neben sich eine Kiste mit Flaschen. Und ein Bild von Russell selbst entstand, der in Stiefeln auf einem Klappstuhl sitzt. Fenton durfte keine Verletzten und keine Toten aufnehmen, und er hielt sich daran, obwohl er Grauenhaftes sah und davon berichtete. Erst im Amerikanischen Bürgerkrieg sollte es diese Bilder geben.

Seine berühmtesten Aufnahmen gelangen ihm am Nachmittag des 23. April 1855. Fenton fuhr ins „Tal des Todes", so benannt von englischen Soldaten wegen des heftigen russischen Beschusses und unweit der Stelle, an der die Attacke der Leichten Brigade stattgefunden hatte. Der Fotograf war Wochen zuvor schon einmal dort gewesen, ohne Kutsche. Er sah die triste, nackte Schlucht ohne jeden Bewuchs mit all den Kanonenkugeln als Überbleibsel. Nun stellte er die Kamera auf. In eineinhalb Stunden fertigte er zwei Bilder, die nach einem Wort des 23. Psalms „Valley of the shadow of death" genannt wurden. Auf einem ist die Straße frei von Geschossen. Auf dem zweiten liegen Kanonenkugeln auf dem Weg. Diese zweite Version, die, auch wenn keine Menschen zu sehen sind, eine gespenstische Gegenwart des Krieges signalisiert und auf die Materialschlachten kommender Kriege hinweist, ging in die Geschichte ein. Mittlerweile gibt es eine Debatte unter Historikern und Filmemachern, ob Fenton das Bild inszeniert hat, indem er die Kugeln auf die Straße warf. Es ist ungeklärt.

Der Plan, das mittlerweile zerstörte Sewastopol zu fotografieren, zerschlug sich, als ein britischer Angriff Mitte Juni misslang. Bei der russischen Kapitulation im September 1855 war Fenton schon fort. Mehr als 350 belichtete Glasplatten nahm er mit nach Hause, als er im Juni zurückschipperte. Er litt an Cholera. Den Dunkelkammerwagen hatte er verkauft. Bald präsentierte eine Ausstellung in London seine Fotos, Fenton zeigte sie auch Queen Victoria und dem französischen Kaiser Napoléon III. Die Öffentlichkeit blieb reserviert, ein kommerzieller Erfolg war es nicht.

William Howard Russell erlebte den Fall von Sewastopol, er blieb auf der Krim, bis der letzte britische Soldat abgereist war. Im Juli 1856 kehrte er heim und wurde gefeiert. Bald brach der Korrespondent erneut auf, er schrieb über Kämpfe in Indien, den Amerikanischen Bürgerkrieg, den Deutsch-Französischen Krieg und weitere, Kriegsreportern geht der Stoff nicht aus.

Roger Fenton gab 1863 die Fotografie ganz auf, womöglich im verfrühten Glauben, sie habe ihren künstlerischen Status verloren und sei nur mehr ein Handwerk. Er starb 1869, 50 Jahre alt.

Florence Nightingale kehrte ebenfalls im Sommer 1856 nach England zurück, kränkelnd kämpfte sie ihr Leben lang, bis 1910, für Gesundheitsreformen und bessere Pflege. Mit Erfolg.

Holger Kreitling, Jahrgang 1964, Redakteur der „Welt" in Berlin, ist besonders dankbar für Florence Nightingales Wirken. Er ist seit bald 30 Jahren mit einer überzeugten Krankenschwester liiert.

Roger Fenton (1819–1869) setzte nach dem Krimkrieg seine fotografische Karriere für ein paar Jahre fort, widmete sich Architektur und Landschaften, dem Cricketspiel, königlichen Schießveranstaltungen und dem Sardinischen Krieg von 1859.

Böhmen liegt am Meer!

Es liegt in der Mentalität der Böhmen, der Wirklichkeit ein Schnippchen zu schlagen. Nur zu gerne lassen sie es sich gefallen, Bewohner eines Küstenlands genannt zu werden

Von Frank Tichy

Böhmen liegt am Meer, das steht fest, seit Ingeborg Bachmann uns das lyrisch dekretiert hat, in poetischer Verklärung einen Stehsatz vorsetzte, von einigen Zeilen in Shakespeares „Wintermärchen" ausgelöst: *A desert country near the sea*, heißt es über ein Land namens Bohemia, einer Gegend, öd und fern, wie man es sich nur in der Vorstellung ausmalen kann, Fiktionen, wie sie den Gefühlsvisionen von Dichtern entspringen. Kein schlechter Hintergrund für der Böhmen luftige Neigung zu surrealer Auffassung von Wirklichkeit.

Bachmann unternimmt im Januar und Februar 1964 zwei Reisen nach Prag, lernt dabei eine ČSSR kennen, in der Hoffnungen nach einem Reformsozialismus zu blühen beginnen. Für sie stand die Reise in engem Zusammenhang zu ihrer Trennung von Max Frisch. *Ist Liebesmüh in alle Zeit verloren, verlier ich sie hier gern,* heißt es in der positiv gestimmten Eröffnung des Gedichts. Sie verbindet ihre persönliche Tragödie mit der politischen Lage in der ČSSR und schöpft für beide neuen Mut.

[…] Liegt Böhmen noch am Meer, glaub ich den Meeren wieder. / Und glaub ich noch ans Meer, so hoffe ich auf Land. // […] Ich will nichts mehr für mich. Ich will zugrunde gehn. // Zugrund – das heißt zum Meer, dort find ich Böhmen wieder. / Zugrund gerichtet, wach ich ruhig auf. […]

Das Gedicht gilt als eine von Bachmanns bedeutendsten lyrischen Arbeiten. Erich Fried hat sich intensiv damit beschäftigt, Thomas Bernhard nannte es ein „Böhmisches Manifest", Bachmann-Spezialist Hans Höller einen „einzigartigen lyrischen Glücksfall". Bachmann war damals einem durch und durch hässlichen Berlin entflohen, ein Ort, gezeichnet von Krankheit und Tod, Zerstörung und Verbrechen. *Die Beschädigung von Berlin, deren geschichtliche Voraussetzungen ja bekannt sind, erlaubt keine Mystifizierung und keine Überhöhung zum Symbol.* Hingegen Prag: grüne Häuser, heile Brücken, guter Grund, Wasser, Meer, Häfen, in denen man anlanden kann, die Schutz bieten.

Aus einer Welt ohne Mythen, oder eben der zerstörten Mythen, wie Bachmann Berlin damals wahrnahm, kam sie in einem Prag an, in dem die Menschen vor Hoffnung sprühten, bereit, sich in ihren Mythen wieder einmal verlieren zu wollen. Eine Reise in eine hellere Welt, auch hier nicht alles ungebrochen, dennoch eine Art Heimkehr, Rückkehr ins Haus Österreich, wie sie im Roman „Malina" es nennt, auch nur mehr eine Ruine, dennoch: *Ich erinnere mich sofort, in den Gassen von Prag und im Hafen von Triest, ich träume auf böhmisch, auf windisch, auf bosnisch, ich war immer zu Hause in diesem Haus.* Als 1968 „Böhmen liegt am Meer" in Enzensbergers „Kursbuch" erscheint – und sicher gerade deshalb, weil nun alle Hoffnungen von sowjetischen Panzern zermalmt waren –, ist die erhoffte hellere Zukunft für Böhmen bereits im Reich der virtuellen Legenden versunken.

Die Sehnsucht nach dem Meer, eigentlich allen Binnenländern gleich eigen, ist jedoch den Böhmen ein Identitätsfaktor. Franz Fühmann, Böhme von Geburt, verbringt, nach seiner Rückkehr aus sowjetischer Kriegsgefangenschaft nach Ostberlin, seinen ersten Urlaub in einem kleinen Dorf an der Ostsee. Mit dem Vorsatz, nun endlich Shakespeares „Wintermärchen" zu lesen, am Meer, in den Dünen liegend, das Reclam-Heftchen aus der Rocktasche gezogen, endlich dem Geheimnis nachzugehen, was es mit dem Königreich Böhmen am Meer auf sich hat: … *Es begann in Sizilien, ein Hauch von Orangenblüten und ein jäher Zorn, und dann tauchte, wahrhaftig, Böhmen herauf, und dieses Böhmen lag am Meer. Es war ein raues Land, von Bären durchschweift; es lag am rauen nordischen Meer, und vor seiner Küste trieben die armen schiffbrüchigen Seelen brüllend ins schwarze gurgelnde Nichts. Böhmen am Meer.*

Dass der größte Dramatiker aller Zeiten sich so dramatisch in der Geografie vergriffen hat, wird ihm teils hämisch als Unkenntnis europäischer, kontinentaler Gegebenheiten angekreidet, teils als des Dichters Freiheit, die Geografie nach Belieben auszulegen, zugutegehalten. Doch Shakespeares Bildungsmiss- oder poetischer Kunstgriff regt seither Interpreten auf und an, sodass *Böhmen am Meer* zum allgemein gültigen Begriff, zum Topos, ja zum Charakterattribut der Böhmen ganz allgemein stilisiert wurde. Der Mythos lebt schließlich von der Ungenauigkeit geschichtlicher Ursprünge. So hat Shakespeare mit seiner Ungenauigkeit den Böhmen einen Mythos beschert, an dem jeder, der ihn aufschlüsseln möchte, sich die Zähne ausbeißt. Damit bläst sich der Mythos zum riesigen Ballon auf, einmal größer, dann wieder schrumpft er, aber platzt nicht, nie. Hans Magnus Enzensberger entwirft im Epilog zu seinem Buch „Ach Europa!" folgendes Bild: Ein Prager Taxifahrer, Österreicher von Herkunft, erklärt seinem Fahrgast, warum er ausgerechnet in Prag Germanistik studiere, *ich neige nämlich zu Asthma; die Seeluft bekommt mir,* überreicht dem verblüfften Erzähler eine Fotokopie mit Bachmanns Gedicht und gibt den guten Rat: *Sie sollten es auswendig lernen, auch wenn Sie kein Wort davon verstehen.*

Die Tschechen waren von jeher Meister der Mystifikation. Wer immer sich als ihre Herren aufspielte: Sie schufen sich eine eigene Wirklichkeit, eine simulierte, eine fingierte, eine virtuelle Wirklichkeit, die die realen Verhältnisse unterwandern konnte, um der Menschen eigene Vorstellungen von Leben durchschei-

William Shakespeare hat mit seiner Ungenauigkeit den Böhmen einen Mythos beschert, an dem jeder, der ihn entschlüsseln möchte, sich die Zähne ausbeißt. Böhmen am Meer *ist zu einem allgemeingültigen Begriff geworden, zum Topos, zu einem Charakterattribut der Böhmen.*

nen zu lassen. Es liegt wohl in der böhmischen Mentalität, der Wirklichkeit, wo immer es geht, ein Schnippchen zu schlagen, sich in Traumwelten zu verlieren, in steter Suche nach Wahrheit – Wahrheiten, wie Jiří Gruša in seiner „Gebrauchsanweisung für Tschechien und Prag" insistiert: *Ist es [...] verwunderlich, dass wir auf viele Wahrheiten pochen? Wir hatten auf zu viele zu schwören.* Die Wirklichkeit-Wahrheit-Dichotomie ist eine Grundtendenz der tschechischen Lebensweisheit, wie sie sich in den Werken Kafkas, Hašeks oder Hrabals exemplarisch entlädt.

Bohumil Hrabal macht in seinem Roman „Allzu laute Einsamkeit" den Erzähler zum Scharfrichter des realen Sozialismus, zum Totengräber der herrschenden Politkultur, der sich damit gleich selbst sein Grab schaufelt. Haňt'a, der Icherzähler, ist seit 35 Jahren Altpapierpacker und als solcher Exekutor der Kultur- und Traditionsfeindlichkeit der Kommunisten, indem er Tonnen von Büchern, ja ganze Bibliotheken den Zerreißmaschinen überantworten muss, sich mit Unmengen von Bier beruhigt, und, um sich aus der Affäre seines geistigen Dilemmas zu ziehen, die besten und kostbarsten Werke zu sich nach Hause schleppt. Das ist mit viel Witz, Humor, Ironie bis zum Zynismus erzählt. Doch zum Ende dreht die Stimmung ins Grausame, stockt der Atem, zieht dem Leser die Gänsehaut auf. Als Haňt'a gekündigt wird, legt er sich in die Papierpresse zu Grabe und lässt sich zu den Altpapiermassen pressen. „In ‚Allzu laute Einsamkeit' scheinen zwei Prager Traditionen zusammenzukommen: Hašek und Kafka", schreibt Eckhard Thiele in einem Nachwort zum Buch.

Wenngleich Jiří Gruša das Bild des Tschechen als pfiffigen, mit allerlei Liebenswürdigkeit gesegneten Lebenskünstlers belächelnd beschwört, kann er der Tatsache nicht entgehen, dass der „brave" Soldat Schwejk den Prototyp dafür darstellt. Die Schwejks verstehen es meisterhaft, die Dinge zu verdrehen, zu zerreden, ins Gegenteil zu verschieben. Wenn Josef Schwejk in eine schwierige Situation gerät, führt er diese mit seinem Gequassel ad absurdum. So schreit ein k.k. Oberstabsarzt seinen Assistenten entnervt an: *Der Kerl ist gesund wie ein Fisch, simuliert und drischt noch mit dem Maul und macht sich einen Jux aus seinen Vorgesetzten. Er denkt, dass sie nur zu seiner Unterhaltung da sind und dass der ganze Krieg eine Hetz oder ein Jux ist.*

In der Reihe berühmter tschechischer Dichter und Intellektueller darf Jára Cimrman nicht fehlen. Er ist mit Leben und Werk eine Ausgeburt böhmischer Fantasie. Geboren soll er zwischen 1854 und 1872 in Wien sein, 1966 tauchte er erstmals im Radio auf. Die Diskrepanz zwischen den Jahreszahlen ist unerheblich, da Cimrman (abzuleiten vielleicht von Zimmermann) unsterblich ist. Mittlerweile gibt es das Jára-Cimrman-Theater in Prag-Žižkov und unzählige Cimrmanologen. Die Tschechen lieben Spiele dieser Art. Bei einer Umfrage des Tschechischen Fernsehens 2005, wer der größte Tscheche sei, lag Cimrman lange Zeit in Führung, bis man darauf kam, dass fiktive Persönlichkeiten nicht teilnehmen durften. Seit 1966 wurden 15 Theaterstücke im Cimrman-Theater aufgeführt, die Aufführungen waren fast immer ausverkauft. Die Stücke und ein Großteil der Legendenbildung gehen vornehmlich von der Schauspieltruppe des Theaters aus.

Die letzte Episode dieser Geschichte, so unwahrscheinlich, so fiktiv, so wahrhaft böhmisch sie erscheinen mag, sie ist wahr. Zumindest in der Absicht ihrer Proponenten. Denn dass sie nie zur Ausführung gelangen konnte, ist wohl der wirtschaftlichen Unzulänglichkeit des Husák-Regimes zu schulden. (Oder doch nur ein weiterer Beweis besagter Leidenschaft zur Mystifikation?) Im August 2013 veröffentlichte „Lidové Noviny" die Pläne des Prager Professors Karel Zlabek aus dem Jahr 1975, einen 410 Kilometer langen Eisenbahntunnel von Budweis unterirdisch durch Österreich bis an die slowenische Küste bei Koper zu bauen, um so einen Meereszugang für die seit je meerhungrigen Tschechoslowaken zu schaffen. Die Kosten wurden auf 112 Milliarden Euro geschätzt. Mit dem Aushubmaterial würde eine Insel in der Bucht vor Koper namens „Adriaport" aufgeschüttet werden, die als tschechoslowakisches Territorium gelten sollte. Heute ist die Idee aufgegangen in der unendlichen Blase böhmischer Mythen.

So bleibt nur noch Ingeborg Bachmann als Trost.

[...] Kommt her, ihr Böhmen alle, Seefahrer, Hafenhuren und Schiffe / unverankert. Wollt ihr nicht böhmisch sein, Illyrer, Veroneser / und Venezianer alle. Spielt die Komödien, die lachen machen. [...]

Man braucht sich keine Sorgen zu machen: Böhmen wird immer am Meer liegen, so oder so.

Frank Tichy, geboren 1939, ist Anglist und Germanist und war Hochschullehrer in Salzburg, Hull (Yorkshire) und Xian (China), heute arbeitet er als Journalist und Schriftsteller. Seit den 1980er-Jahren ist er „aus einer unbezwingbaren Neugier heraus immer weiter ins biografische Genre gedriftet". Tichy lebt im Salzburger Land.

Gib Gummi!

Fotos: Kirill Golovchenko

An keinem öffentlichen Ort lässt sich mehr über Menschen herausfinden als an einem Strand. Dazu braucht es nur einen Schwimmreif und kindhafte Neugier. Menschliches, Allzumenschliches in und um Odessa, Ukraine

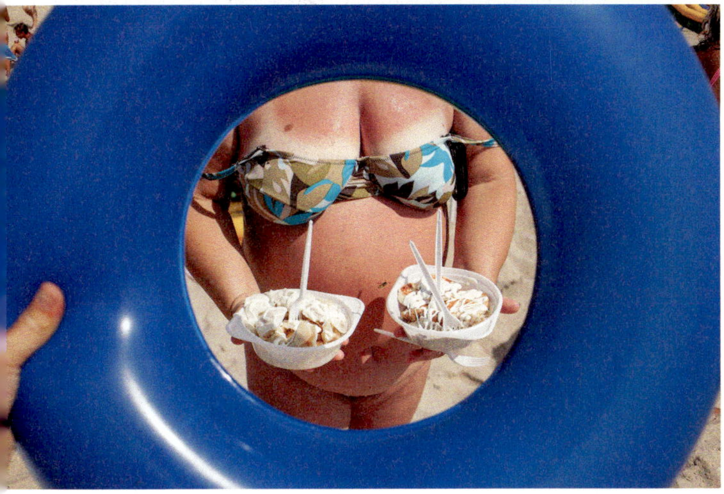

Kirill Golovchenko, Jahrgang 1974, ist in Odessa, Ukraine, geboren und wird von der Agentur Focus vertreten. Er lebt in Mainz und Odessa. Sein fotografisches Augenmerk gilt Unerforschtem und Unentdecktem in Osteuropa, das sich in flüchtigen Momenten offenbart. Seine Schwimmreifbilder sind unter dem Titel „Otpusk [russ. für „Urlaub"] *– out of the blue" vom 23. Juli bis 29. August 2015 in der Berliner Galerie Pavlov's Dog zu sehen (www.pavlovsdog.org).*

IHREM MANN EINE BRÜCKE

Die Errichtung der New Yorker Brooklyn Bridge vor gut 130 Jahren war eine Gleichung mit vielen Unbekannten. Schon zu Beginn starb ihr Erfinder, der deutsche Einwanderer John August Roebling. Als auch sein Nachfolger und Sohn schwer erkrankte, trieb dessen Frau das Projekt voran: Emily Warren Roebling

Von Silvia Tyburski

DER WIND BLÄST KRÄFtig hier oben, rund 40 Meter über dem New Yorker East River. Er zerzaust das weiße Gefieder des Hahnes, den Emily Warren Roebling in einem Käfig auf ihrem Schoß hält, als sie zusammen mit einem Techniker über die Brooklyn Bridge fährt. Die Arbeiter rechts und links erledigen letzte Handgriffe. Sie ziehen ihre Hüte, einige applaudieren. Es sind nur noch wenige Wochen bis zur Eröffnung. Wird der Trott des Pferdes die Fahrbahn gefährlich schwanken lassen? Die 39-Jährige ist die Erste, die die Brücke im Frühjahr 1883 in einer Kutsche überquert, um das zu testen.

Emily Warren Roebling hat den Hahn nicht nur als Glücksbringer mitgenommen. Der Hahn ist ein Siegessymbol. Sieben Millionen Dollar hatte es laut Planung kosten sollen, die Brücke zwischen dem Südzipfel Manhattans und Brooklyn zu errichten. Die veranschlagte Bauzeit: drei Jahre. Am Ende wurden daraus 15,5 Millionen Dollar und 14 Jahre. Dass es nicht noch länger dauerte, ist Emily Warren Roebling zu verdanken. ➢

Linke Seite
Washington Augustus Roebling, 1899, Porträt von Théobald Chartran (1849–1907)

Oben
Insgesamt beschäftigte der Bau der Brooklyn Bridge 6000 Arbeiter; 27 verloren ihr Leben

Die Arbeiten an den Fahrbahnträgern begannen 1879. In einem Punkt musste umgedacht werden: Da die Eisenbahnen seit dem Projektbeginn schwerer geworden waren, war Roebling gezwungen, verstärkte Streben in die Fachwerkkonstruktionen einzubauen. Der Schlussakt: Beide Enden wurden mit Mauthäusern versehen und die Brücke selbst mit elektrischen Lampen bestückt

Die Idee war so alt wie das Jahrhundert. Über die im Winter oft zugefrorene Meerenge soll eine Brücke führen, um Pendler von den Launen des Wetters unabhängig zu machen. 40 Millionen Menschen überqueren damals im Jahr den East River, den Kapitäne wegen seiner gefährlichen Strömungen und Unterwasserfelsen „Höllenloch“ nennen. Doch erst 1867, nach einem besonders harten Winter, bringt der Staat New York das Projekt per Gesetz auf den Weg. Die Leitung übernimmt Emily Warren Roeblings Schwiegervater: John August Roebling. Der deutsche Einwanderer aus Mühlhausen in Thüringen hat sich bereits mit einer zweistöckigen Hängebrücke über den Niagara einen Namen gemacht.

Für die East-River-Brücke, wie sie damals heißen soll, hatte sich der als genial, aber auch hart und launisch geltende Roebling senior lange eingesetzt. Ein noch nie da gewesenes Bauwerk aus Granit und Stahl würde es werden: knapp zwei Kilometer lang, die neogotischen Pfeiler gut 84 Meter hoch – nur der Turm der Trinity Church an der Wall Street würde es um zwei Meter überragen. Irrsinn, sagen Kritiker. Das größte Bauwerk Nordamerikas in die Skyline von New York zu pflanzen würde den Rest der Stadt zwergenhaft erscheinen lassen. Kapitäne warnen vor Schiffsunfällen. Selbst einige Kollegen Roeblings empören sich über das „wilde Experiment“. Ein Tunnel oder ein Damm täten es auch.

Auf beiden Seiten des East River verfolgen die Menschen die Debatte. Besonders die New Yorker – Brooklyn ist damals noch eine eigene Stadt – sind vor Baubeginn skeptisch. „Fragen Sie nicht, wer damals gegen die Brücke war. Fragen Sie lieber, wer für sie war“, sagt Kristian Roebling, 50 Jahre alt und Urgroßenkel Emily Warren Roeblings, der die Geschichte seiner Vorfahren bei Führungen über die Brooklyn Bridge erzählt. Später befeuern steigende Kosten, Verzögerungen, Berichte über Korruption im Vorstand und tödliche Arbeitsunfälle die Diskussion. Der erste kostet John Roebling selbst das Leben. Im Juli 1869 gerät er bei Vermessungen mit dem Fuß zwischen den Anleger und eine Fähre. Roebling schickt den Arzt nach Hause, er will sich mithilfe einer Wassertherapie kurieren. 24 Tage später stirbt er an Tetanus.

Sein Sohn Washington hat das Projekt bislang als Stellvertreter begleitet. Keiner kennt sich mit den Plänen des alten Roebling so gut aus wie er. „Da stand ich also mit 32, plötzlich verantwortlich für das gewaltigste Bauwerk seiner Zeit. Die Säule, die mir zuvor Halt gegeben hatte, war gefallen“, schreibt er später. „Anfangs dachte ich, ich würde versagen. Aber ich hatte einen starken Turm, der mir Halt gab: meine Frau, meine unendlich taktvolle, meine klügste Ratgeberin.“

Von ihr hängt bald ab, ob er diese Brücke jemals fertig bauen wird. Denn drei Jahre nach John Roeblings Tod leidet der Chefingenieur durch seine Arbeit in den riesigen, mit Pressluft gefüllten Senkkästen an der Dekompressionskrankheit, die damals kaum erforscht ist. Viele der Männer, die in bis zu 30 Meter Tiefe Sand und Gestein ausheben, haben unerklärliche Muskel- und Gelenkschmerzen, Bauchkrämpfe und Lähmungen. Beim Aufstieg bleiben sie nicht lang genug in den Luftschleusen, damit ihr Körper sich an die wechselnden Druckverhältnisse anpassen kann.

An einem Nachmittag im Frühjahr 1872 wird Washington Roebling bewusstlos herausgetragen. „Die ganze Nacht dachten wir, er werde sterben“, schreibt Emily Warren Roebling später. Er überlebt, doch er kann sich vor Schmerzen kaum bewegen. Seine Sehkraft lässt stark nach. Vor allem aber bleibt Roebling, vermutlich durch jahrelange Überarbeitung, nervlich extrem empfindlich. Auch als es ihm körperlich besser geht, lässt er selten jemand anderen zu sich als seine Frau.

Wer übernimmt nun die Arbeit des Chefingenieurs? Für die Bauaufsicht bleibt Ingenieur Charles Cyril Martin zuständig. Doch das Herzstück, die Berechnung und Planung, will Roebling nicht aus der Hand geben. Es ist das Erbe seines Vaters. Und so bittet Emily Warren Roebling den Vorsitzenden der Brückenbaugesellschaft, Senator Henry Murphy, um ein Treffen.

Ihr Mann sei zwar geschwächt, seiner Aufgabe aber gewachsen, überzeugt sie ihn. Murphy stimmt zu. Solange auf der Baustelle nichts schiefgehe.

Von nun an bildet das Paar ein einzigartiges Gespann in der Geschichte der Baukunst. In den folgenden elf Jahren bleibt er für die Außenwelt unsichtbar. Sie schreibt am Krankenbett seine Anweisungen für die Techniker an der Brücke auf. Jahrelang geht Emily Warren Roebling fast täglich auf die Baustelle und bespricht sie mit dem leitenden Ingenieur.

Washington habe ihr eine Art Crashkurs in Brückenbau gegeben, sagt Kristian Roebling. Eine gute Schulbildung hat sie bereits. Nach dem Tod ihres Vaters hatte ihr Bruder Gouverneur Kemble Warren, ein Mathematikprofessor, dafür gesorgt, dass seine 16-jährige Schwester auf eine weiterführende Schule geht. Jetzt liest sie Washingtons Fachbücher und lernt immer mehr über Materialstärke, Belastungsanalyse, Stahlseilkonstruktion und die Berechnung von Kettenlinien. Der Ingenieur Hamilton Schuyler, ein Freund der Familie, schreibt: „Mrs. Roebling war eine Frau von starkem Charakter und ungewöhnlich gebildet. Sie hatte einen beinahe männlichen Intellekt."

Fabrikanten treffen nicht auf den Chefingenieur, sondern auf seine Frau. Einige richten ihre Briefe ohne Umschweife an sie. Die „New York Times" zitiert später einen „Gentleman, der die Familie gut kennt": „Es stellte sich heraus, dass man vollkommen neuartig geformte Metallteile brauchen würde, die noch keine Fabrik hergestellt hatte. Die Vertreter kamen nach New York, um mit Mr. Roebling über deren Beschaffenheit zu beraten. Zu ihrer großen Überraschung setzte sich Mrs. Roebling mit ihnen zusammen und half ihnen mit ihrem technischen Wissen, das Problem zu lösen." Sie weiß, dass sie sich auf einem schmalen Grat bewegt. 1875 schreibt sie ihrem Bruder, ihr Mann nenne sie scherzhaft „Mrs. Jellyby", eine Figur aus Charles Dickens' Roman „Bleak House", die sich fanatisch ihrer Arbeit widmet, statt sich um ihre Kinder zu kümmern.

Dass sie während dieser Jahre informelle, aber effektive Studien betreibt, ret-

Emily Warren Roebling, 1896, Porträt von Carolus-Duran (1837–1917)

Am Tag ihrer Eröffnung, dem 24. Mai 1883, überquerten 1800 Fahrzeuge und 150 000 Menschen die neue Brooklyn Bridge. Als Zoll zu entrichten waren je Fahrzeug fünf Cent, je Fußgänger ein Cent. Erste Belastungsprobe: ein Zirkuskonvoi mit 21 Elefanten

tet den Fortgang der Arbeiten – und die Familienehre. Washington Roebling bleibt der Spiritus rector, aber, sagt Kristian Roebling, „sie war weit mehr als eine Botin. Sie musste seine Anweisungen umformulieren, interpretieren und weiterführen können, sonst hätte das Hin und Her viel zu lang gedauert. Dafür zollten die Männer auf der Baustelle ihr großen Respekt".

Auch in der New Yorker Gesellschaft ist Emily Warren Roebling bekannt und beliebt. Bei offiziellen Anlässen ist sie es, die den Chefingenieur repräsentiert. Sie spricht als erste Frau vor dem Verband der Amerikanischen Ingenieure. An einem Dezembertag 1881 überquert der Vorstand die halb fertige Brücke auf anderthalb Meter schmalen Planken, um auf der anderen Seite mit Champagner anzustoßen. Allen voran geht Emily Warren Roebling, begleitet von den Bürgermeistern beider Städte. Sie wirke trotz der Höhe unbekümmert und voller Tatendrang, beobachtet ein Reporter, die Gesellschaft scheine in bester Stimmung. Und das ist jetzt, kurz vor Vollendung der Brücke, ihr wichtigster Job: die Leute bei Laune halten und den Namen Roebling in einem guten Licht erscheinen lassen.

In ihrem Haus in Brooklyn, einen knappen Kilometer von der Brücke entfernt, sitzt Washington Roebling am Fenster und verfolgt alles mit dem Fernglas, wie jeden Tag. „Der Mann am Fenster" nennen die Leute ihn. Und sie reden. Der Chefingenieur habe seinen Verstand verloren, heißt es. Ein kranker Mann, der sein Zimmer nicht verlässt und dessen Frau die Fäden in der Hand hält, könne doch wohl nicht bei Sinnen sein. Einige sprechen von einem mysteriösen „Fieber", an dem Roebling leide.

Zehn Jahre nach Baubeginn werden die Rufe nach seinem Rücktritt lauter. Die Kosten liegen mittlerweile im zweistelligen Millionenbereich. Dafür hätte man die New Yorker lebenslang umsonst Fähre fahren lassen können, höhnt eine Zeitung. Daran ist allerdings nicht Washington Roebling schuld, sondern Korruption im Vorstand. Über Jahre sorgte der Unternehmer William Tweed dafür, dass Aufträge an Firmen des „Tweed-Ringes" gehen, die dafür zahlen. Schwerer wiegt, dass der Chefingenieur sich mit Verweis auf seine Gesundheit weigert, den Einladungen des Vorstands Folge zu leisten.

Im Juli 1882 – die Brücke ist fast fertig – kommt es zum Eklat. Seth Low, Brooklyns Bürgermeister und Vorstandsmitglied, fährt zu Roebling. Als der sich weigert zurückzutreten, wiegelt Low Kollegen und Presse gegen ihn auf. Emily Warren Roebling hat noch drei Wochen Zeit bis zur alles entscheidenden Abstimmung. Sie wird zur Lobbyistin ihres Mannes und schreibt Briefe an einzelne Vorstandsmitglieder, einen bittet sie um ein Treffen. Am Ende votiert eine knappe Mehrheit für Washington Roebling.

Als am 24. Mai 1883 Hunderttausende zur Eröffnung der Brücke kommen, verfolgt er die Feier vom Fenster aus. Auch US-Präsident Chester Arthur ist gekommen. Der Kongressabgeordnete Abram Hewitt sagt in seiner Rede: „Ein Name wird vielleicht nie in die Geschichtsbücher eingehen, aber wir dürfen ihn hier nicht verschweigen. Diese Brücke ist ein Denkmal des Engagements einer Frau und ihrer Fähigkeit zu einer höheren Bildung, die ihr allzu lange verwehrt worden ist. Der Name von Mrs. Emily Warren Roebling wird für immer mit all dem verbunden sein, das in der Menschheit bewundernswert ist und wunderbar in der Welt der Baukunst."

Mit 54 besucht die Selfmade-Ingenieurin doch noch eine Universität und studiert Jura. Doch Anwältin wird sie nicht mehr. Mit 59, 23 Jahre vor ihrem Mann, stirbt Emily Warren Roebling.

Zwei Jahre später erhält zum ersten Mal in der Geschichte der USA eine Frau ihren Abschluss als Bauingenieurin.

In Brooklyn, wenige Blocks von der Brücke entfernt, bringt sich jetzt Hillary Clinton, potenzielle Kandidatin der Demokraten, in Position. Silvia Tyburski, Jahrgang 1976 und Autorin in Hamburg, ist sicher: Emily Warren Roebling wäre auch eine gute Managerin im „Team Hillary" gewesen.

Der Feindschmecker

Rotfeuerfische sind vor der Karibikinsel Bonaire eine Plage. Hagen Wegerer hat ein Rezept dagegen gefunden. Liebe deinen Feind, heißt es in der Bibel, und Liebe geht bekanntlich durch den Magen

Text: Nina Zschiesche Fotos: Martin Strmiska

Mit geübtem Griff hält Hagen Wegerer die Rückenflosse nach oben und schneidet sie ab. „Hier sitzen die längsten Giftstacheln", erklärt er. Es ist ein Rotfeuerfisch, das riesige Maul noch immer aufgerissen. Hagen zerlegt ihn in Filets. Gleich kommen sie auf den Grill und werden in seiner Imbissbude am Kitesurfstrand von Bonaire als Burger serviert.

Hagen Wegerer, ein Brite mit deutschen Wurzeln, stammt von der Kanalinsel Guernsey. Vor 14 Jahren tauschte der Mittvierziger eine Insel gegen die andere und zog nach Bonaire, die zweitgrößte der karibischen „ABC-Inseln" Aruba, Bonaire und Curaçao. Er war einer der Ersten auf auf Bonaire, der Gerichte aus Rotfeuerfischen auf der Karte hatte, zuerst in seinem Restaurant „Cactus Blue" und dann in seinem bunt bemalten Imbisswagen, den er „Cactus Blue on the Beach" nennt.

Die Spezialität von Hagens Fischburger liegt vor allem in der Beschaffung der Hauptzutat: Die Fische werden erst noch gefangen. Hagens Kunden können ihn beim Tauchen begleiten und beobachten, wie er die giftigen Feuerfische mit dem Dreizack harpuniert. Danach bereitet er sie frisch zu und macht Burger aus ihnen.

Rotfeuerfische kommen eigentlich im tropischen Indopazifik und im Roten Meer vor. Hier ist der rot-weiß gestreifte Fisch, der mit seinen fächerartigen Flossen anmutig vor den Riffen schwebt, für Taucher eine Attraktion. In Mittelamerika hat er aber nichts verloren. Seit Mitte der 1980er-Jahre hat sich der Rotfeuerfisch als invasive Art an der Ostküste der USA und später in der Karibik breitgemacht. Bonaire ist lange von der Invasion verschont geblieben, im Oktober 2009 tauchten die ersten Exemplare auf. Zunächst waren es nur ein paar, nach sechs Monaten hatten sie sich rund um die Insel verbreitet, und schließlich fand man bis zu 100 Exemplare bei nur einem Tauchgang. Rotfeuerfische sind äußerst fruchtbar und hungrig. Sie fressen mehr Jungfische, als die Riffe auf Dauer verkraften könnten. Vor allem, wenn Arten wie der Papageifisch, die Korallen von schädlichen Algen befreien, dezimiert werden, kann das den Riffen ernsthafte Schäden zufügen.

Die Lösung: Der Eindringling muss entfernt werden. Dazu bildete Bonaire ein Heer aus 300 freiwilligen Unterwasserjägern aus. Hagen ist einer von ihnen. Und seine Gäste dürfen ihm bei der Pirsch zuschauen. Vom Imbisswagen zum nächsten Tauchplatz sind es nur ein paar Meter über den Strand, und schon taucht man ab in die Unterwasserwelt der Karibik. Es geht vorbei an rosafarbenen Schwämmen und neonblauen Fischen. Auf 30 Meter schwimmt Hagen zielstrebig nach rechts und visiert einen Rotfeuerfisch an, der mit gespreizten Flossen vor einem Fels schwebt. Blitzschnell stößt Hagen mit dem Dreizack zu und spießt den Fisch auf. Dann stopft er ihn in die Sammelbox, die an seiner Seite hängt.

Zurück am Strand, setzt Hagen das Messer an. In der Kleinküche seines Imbisswagens erklärt er, wo die giftigen Stacheln sind und wie man den Fisch zerlegt. Eine „Herausforderung" nennt es Hagen. Aber hat man einmal die Stacheln entfernt und die rot-weiß gestreifte Haut abgezogen, wird man mit einem zarten, weißen Fleisch belohnt, das man grillen, kochen oder zu Ceviche verarbeiten kann. Oder eben zu einem Burger.

Hagen nimmt sich ein kaltes Bier und setzt sich in einen seiner Liegestühle. Er bohrt seine Füße in den Sand und schaut aufs Meer, das von der Abendsonne rosa und orange eingefärbt wird. Es ist ein kleiner Aussteigertraum, den der braun gebrannte Brite mit den stahlblauen Augen hier lebt. Weniger Stress wollte er. Nicht mehr so viel Arbeit wie in seinem Restaurant, das er vor drei Jahren geschlossen hat. Dafür mehr tauchen und jagen und Zeit am Strand verbringen. Sein Imbisswagen gibt ihm die Freiheit dazu. Und er ist die einzige Versorgung hier unten im südlichsten Zipfel der Insel. Wer ein kühles Getränk oder einen Burger braucht, kommt zu Hagen. Und wenn einmal keiner kommt, dann malt Hagen weiter seinen Wagen mit bunten Mustern an.

Über die Invasion der Rotfeuerfische, die das Unterwasseridyll vor seiner Imbisstür zerstören könnte, macht er sich keine Sorgen. „Solange wir sie essen, haben wir die Biester auch unter Kontrolle", ist sich der Koch sicher.

Hagens Feuerfisch-Burger

Zutaten (für 4 Personen) und Zubereitung

Für die Sauce 6 EL Senf, 2 EL Honig und 2 EL Öl zu einer cremigen Masse verrühren. Anschließend 4 Rotfeuerfischfilets auf dem Grill auf jeweils beiden Seiten rund vier Minuten scharf anbraten, dabei salzen und pfeffern. Dann 4 Burger-Brötchen toasten und die Innenseiten mit der Honig-Senf-Sauce bestreichen. Zum Schluss mit jeweils einem Salatblatt, einer Tomatenscheibe und einem Fischfilet belegen. Nach Bedarf einen oder zwei Spritzer Zitronensaft hinzufügen.

Cactus Blue on the Beach

Kitesurfstrand am Tauchplatz „Atlantis" (Nr. 57), EEG-Boulevard in südlicher Richtung. Manchmal steht der Imbisswagen auch am Donkey Beach am Flughafen. Tel.: +599 786 08 16; E-Mail: info@cactusbluebonaire.com; täglich geöffnet von 11 bis 15.30 Uhr.

Aussteigertraum auf vier Rädern mit der Flagge von Guernsey: „Cactus Blue on the Beach“

Die Giftstacheln des Rotfeuerfischs können dem Menschen höllische Schmerzen bereiten

REICH FÜR DIE INSEL

Caymans, Jersey, British Virgin Islands – Steueroasen liegen oft auf kleinen Inseln oder Halbinseln. Das hat einen guten Grund

Text:
Julia Friedrichs

Fotos:
Paolo Woods und
Gabriele Galimberti

An einem Sonntagmorgen putzt der Australier Jason Blick seine Ducati 848, während seine Freundin ihm vom Balkon aus zuschaut. Blick lebt seit 2010 auf Grand Cayman, wo er einer der Direktoren von Cayman Enterprise City (CEC) ist. CEC ermöglicht ausländischen Firmen die Gründung einer Offshoregesellschaft auf den Caymans

Jedes Jahr zu Weihnachten lassen die Zwillinge Maxine Ethel und Maureen Helen Bodden ihren Garten erleuchten. Die Boddens, eine der ältesten Familien auf den Caymans, führen eine Reihe von Unternehmen, darunter eine Anwaltskanzlei und ein Beerdigungsinstitut. Für ihre Verdienste für die Menschen auf den Caymans, insbesondere bedürftige, wurden sie von der Queen geehrt

CAYMAN ISLANDS

Auf den Cayman-Inseln in der Karibik leben gerade einmal 50 000 Menschen. Aber es gibt 90 000 Firmen. Fast jeder zweite Hedgefonds der Welt ist hier registriert. Über zwei Billionen Dollar lagern in den Konten und Depots der Banken, Kanzleien und Investmentfirmen. Der Grund für die Kapitalflut: Das britische Überseegebiet ist eine „echte Nullsteueroase", wie es Ökonom Hans-Lothar Merten in seinem Standardwerk „Steueroasen Ausgabe 2015" formuliert. Unternehmen, die Steuern vermeiden wollen, transferieren die Gewinne an ihre Töchter auf den Caymans. So machen es zum Beispiel Starbucks und Facebook.

EIN FLECK AUS LICHTERN LIEGT IN der schwarzen Karibischen See südlich von Kuba. Darüber steht der volle Mond. Ich verrenke mich auf meinem Sitz in der kleinen Maschine der Cayman Airways und erkenne eine geschwungene Linie im Meer, gemalt aus dem Licht vereinzelter Lampen. Das muss er sein, der berühmte sieben Meilen lange Sandstrand, gesäumt von Hotels und Bars.

Eines steht fest, noch ehe mein Flugzeug auf den Cayman-Inseln gelandet ist: Das Geld hat als Ziel seiner Reise um die Welt einen schönen Ort erkoren. Einen Ort, den kein Reiseführer in deutscher Sprache beschreibt. Eine winzige Inselgruppe, 260 Quadratkilometer groß, nicht mehr als ein paar Landkrümel also. Bis in die 1960er-Jahre lebten hier nur einige

Die Cayman-Inseln, bestehend aus der Hauptinsel Grand Cayman und zwei Nachbarinseln, sind zwar der fünftgrößte Finanzplatz der Welt. Doch es gibt keine Wolkenkratzer, keine Bürotürme, keine Insignien aus Glas und Stahl, mit denen die Finanzindustrie andernorts ihr Terrain markiert. Stattdessen haben viele Firmen einfach nur ein Postfach

Fischer. Es gab eine geteerte Straße, kein Telefon und natürlich auch keinen Flughafen, dafür lästige Mückenschwärme um die vielen Sümpfe der Insel.

1967 aber verabschiedete das Inselparlament ein Gesetz, das die Gründung von Briefkastenfirmen erleichterte. Man entschied, das Bankgeheimnis zu stählen und jeden, der Finanzdaten an Dritte weiterreicht, mit Gefängnis zu bestrafen. Und man beschloss, Einkommen, Vermögen, Gewinne und Erbe nicht zu besteuern. Die Caymans taten also einiges, um sich dem Geld der Welt als Fluchtplatz anzubieten. Und tatsächlich, es funktionierte.

Heute sind die kleinen Inseln der fünftgrößte Finanzplatz der Welt. Gerade einmal 50 000 Menschen leben hier. Aber es gibt 90 000 Firmen. Fast jeder zweite Hedgefonds der Welt ist hier registriert. Über zwei Billionen Dollar sollen in den Depots der Banken, Kanzleien und Investmentfirmen lagern. Die Caymans sind ein Ort, den der Verstand kaum erfassen kann: eine Steueroase, ein *tax haven*, wie die Engländer sagen. Einer von diesen sagenumwobenen Orten, die sich über den ganzen Globus verstreuen.

Schon darüber, was eine Steueroase ausmacht, herrscht Uneinigkeit. „Tatsächlich ist der Begriff irreführend", schreibt Nicholas Shaxson, Autor des Buches „Schatzinseln" und einer der wenigen, die seit Jahrzehnten zu Steueroasen recherchieren. „An diesen Orten kann man sich nicht nur vor Steuern schützen." Steueroasen böten viel mehr: einen Schleier der Geheimhaltung, Schutz vor Kontrollen sowie die Möglichkeit, den Gesetzen und Regeln anderer Staaten zu entrinnen.

Steueroasen entziehen Staaten ihren Wohlstand, sagt Gabriel Zucman, Ökonom an der London School of Economics. In welchem Ausmaß, darüber wurde lange spekuliert. Zucman hat als Erster gewaltige Datensätze aus Handelsbilanzen und amtlichen Statistiken ausgewertet. Seinen Berechnungen zufolge lagern sechs Billionen Euro auf Konten in Steueroasen, acht Prozent des gesamten Privatvermögens. Den jährlichen Schaden für Deutschland schätzt er auf mindestens 30 Milliarden Euro, andere vermuten, es seien über 100. Steueroasen stehlen Geld, sagt Zucman.

Es ist Abend geworden auf den Caymans. Gleich wird die Sonne untergehen. Noch immer sind es über 20 Grad. In

Ernst & Young, hier der Hauptsitz in London, gehört zu den sogenannten Big Four – den vier größten Wirtschaftsprüfungsgesellschaften der Welt. 190 000 Angestellte arbeiten in 700 Niederlassungen in über 150 Ländern. Formal ist Ernst & Young ein global operierendes Netzwerk, das aus rechtlich selbstständigen und unabhängigen Unternehmen besteht

CITY OF LONDON

Die City of London ist nicht nur der größte Finanzhandelsplatz der Welt. Sie ist, und das weiß kaum jemand, exterritoriales Gebiet, gehört also formal gar nicht zu Großbritannien. Ökonom Merten schreibt dazu: „Britische Gesetze greifen in der City nicht, die *City of London Corporation* hat eine eigene Staatlichkeit, eigene Gesetze und überwacht sich selbst. Ihre Banker handeln mit Wertpapieren und Devisen über alle Grenzen hinweg. Aber kein Gericht kann sie belangen und keine Regierung ihre Geschäfte."

einer Bar über dem Meer sitzen die zusammen, die hier Geschäfte machen.

Am Tag war ich tauchen. Schwamm vorbei an babyblauen Fischen mit runden Mündern und an silbrig glitzernden Kalmaren. Ich fuhr über die Insel und sah, dass die Sümpfe längst trockengelegt sind, die Strände erschlossen, die Straßen asphaltiert. Die Starbucks-Läden eröffnet. Die Caymans haben das höchste Pro-Kopf-Einkommen aller Karibikstaaten. Viele hier sagen: Was soll die Wut? Die meisten Staaten der Welt würden versuchen, dem Geld die besten Bedingungen zu bieten. Und die Cayman-Inseln gehörten in diesem Wettstreit einfach zu den Besten.

„Cheers", sagt John. „Cheers", sagt Catherine. Wir sitzen in einer Bar, in der sich am Abend die Zugezogenen treffen.

Fiona Woolf, bei der Entstehung dieser Aufnahme Bürgermeisterin der City of London, posiert im Mansion House, ihrem damaligen Dienstsitz. Ihr Amt hat sie heute nicht mehr inne, doch der Status der City of London ist geblieben. Es ist eine Art politische Enklave mit Recht auf Selbstverwaltung. Wer hier Geschäfte macht, genießt besondere Privilegien

Die beiden sind Engländer, jung, smart, sie leben gerne hier. „Warum auch nicht?" Das Wetter sei immer gut, das Meer atemberaubend, die Strände gewaltig. „Wir arbeiten viel weniger als zu Hause", sagt Catherine. Um fünf Uhr sei meist Schluss, die Wochenenden frei. „Da geh ich dann tauchen", sagt John und lacht.

Catherine, deren dunkles Haar glatt auf die Schulter fällt, nimmt seine Hand und sagt: Ihr John sei ein *diamond*, ein Experte in seinem Gebiet. John tüftelt Versicherungsmodelle aus, bei denen Unternehmen Risiken bei einer konzerneigenen Tochterfirma absichern können. Dieses Konstrukt, bei dem die Tochter in einer Steueroase angesiedelt wird, hat meist einen Zweck: Steueroptimierung. So nennt es Johns Branche. „Steuervermeidung" heißt es neutral. „Steuerdiebstahl", klagen die Kritiker.

„Es ist ein guter Job", sagt John. Ich frage nach Verantwortung, nach Schaden, nach Folgen. „Alles kein Problem", antwortet John. Es ist eine Variation dessen, was ich in all meinen Gesprächen mit den Menschen hier höre. Die Kritik an den Caymans sei aufgebauscht. Dann zöge Europa, zöge Deutschland eben weniger Steuergelder ab, meint ein Deutscher. Dort jammere man doch sowieso auf höchstem Niveau. Ob er Verwalter von Hedgefonds kenne, die zweifelten, vielleicht sogar nach der großen Finanzkrise Schuld empfänden? „Nein", sagt er, so etwas habe er auf der Insel noch nie gehört. „Wer so denkt, der macht den Job wohl nicht."

Nicholas Shaxson hat für seine Recherchen Dutzende Steueroasen besucht. Die Caymans, die Bahamas, aber auch Jersey im Ärmelkanal. Es sei, so der Autor, sicher kein Zufall, dass sich die Oasen auf Inseln so prächtig entwickelten. Wer auf einem kleinen Eiland lebt, umschlossen vom Meer, ist darauf angewiesen, mit denen zurechtzukommen, die da sind, sich anzupassen, mitzuschwimmen.

Der Geist der Insel Jersey, erzählt einer, der dort lange lebte, ließe sich in drei Sprichwörtern zusammenfassen: Hänge deine schmutzige Wäsche nicht in der Öffentlichkeit auf! Wirble keinen Staub auf! Und: Wenn es dir nicht passt, nimm das nächste Schiff! „Das Denken der Menschen entspricht dem der Abgänger eli-

Lesen Sie bitte weiter auf Seite 72

Im „Sevva Club“ in Hongkong treffen sich vor allem Führungskräfte, um sich vor beeindruckender Kulisse zu entspannen. Von der Terrasse des Clubs blickt man auf das Gebäude der HSBC-Bank, entworfen von Stararchitekt Norman Foster. Die Mitarbeiter der Großbank sitzen in gläsernen Büros – für alle Clubgäste einsehbar

In seiner Dienstlimousine tauscht sich Milliardär Adrian Cheng (links) mit seinem Kommunikationsteam aus. Der Enkel des Großunternehmers Cheng Yu-Teng ist Executive Director der in Hongkong ansässigen Chow Tai Fook Jewellery Group, einer riesigen Juwelierkette. Das „Fortune“-Magazin wählte Cheng im Jahr 2012 in die Liste der 40 einflussreichsten Menschen unter 40 Jahren

Es ist ein von Mangas inspiriertes Kunstwerk, das Vicky Lam in der Hongkonger Galerie Perrotin erstanden hat – für 70 000 Dollar. Lam ist Chefin von Apex Property, einer Maklerfirma für Luxusimmobilien, die in Hongkong, China, Großbritannien, Australien und in den USA tätig ist. Bilder gewinnen als Geldanlage zunehmend an Bedeutung. In Hongkong haben daher einige der wichtigsten Kunsthändler Niederlassungen gegründet

HONGKONG

Hongkong hat sich seit der Rückgabe an China vor 18 Jahren zu einer der größten Steueroasen der Welt entwickelt. Grund dafür ist der Sonderstatus der einstigen britischen Kronkolonie. Hongkong verfügt noch immer über eine eigene Währung, Gesetzgebung sowie ein eigenes Staatsbürger- und Steuerrecht, was die Metropole zu einem beliebten Zufluchtsort für gut betuchte Chinesen macht. Sie schätzen das gesetzlich geregelte Bankgeheimnis und die Tatsache, dass Einkünfte und Erträge nur dann besteuert werden, wenn diese in Hongkong entstanden sind. Anleger freuen sich zudem über eine fehlende Kapitalertragsteuer.

Der Italiener Giovanni Valenti (Bildmitte) ist Chefconcierge des „Mandarin Oriental“ in Hongkong. Sowohl er als auch das Hotel selbst sind eine Institution in der Stadt. Seit über 20 Jahren begrüßt Valenti Präsidenten, Geschäftsleute und Filmstars, bringt sie zu ihren Suiten, die 7000 Dollar je Nacht kosten, und sorgt für ihr Wohl. Valenti: „In Hongkong gibt es nur einen Gott: das Geld“

八十七神仙卷

JERSEY Die Insel Jersey, 15 Kilometer vor der französischen Küste im Ärmelkanal gelegen, ist zwar ein Besitztum der britischen Krone, gehört aber weder zum Vereinigten Königreich noch zur Europäischen Union. Insofern genießt die Insel auch eine Autonomie im Steuerrecht. Ausländische Finanzunternehmen müssen gar keine Steuern zahlen, einheimische nur zehn Prozent. Der höchste Einkommensteuersatz beträgt 20 Prozent, Millionäre bezahlen weniger, sie können den Steuersatz mit dem Inselparlament aushandeln – ein Paradies für Europas Geldelite. Schätzungsweise werden auf Jersey 600 Milliarden Euro von 50 Banken verwaltet.

Um Kapital anzulocken, geht Jersey nach dem sogenannten *high value residency scheme* **vor: Menschen, die mindestens eine Million Dollar im Jahr verdienen, werden dazu ermutigt, nach Jersey zu ziehen, wo sie sofort in den Genuss der Steuerprivilegien kommen. Die örtliche Immobilienfirma Savills vermittelt den Einwanderern dann die passende Behausung – zum Beispiel diese Luxusfarm in Saint Brélade für elf Millionen Dollar**

Blick aufs Meer, herrliches Wetter – ein idealer Moment für Mark Loane, eine seiner Drohnen auszuprobieren. Loane ist Chef der C5 Alliance Group, einer Full-Service-IT-Firma auf Jersey. Seine Kunden sind meist Offshoregesellschaften, die aus Steuergründen auf Jersey aktiv sind

In einem Gezeitenpool in Saint Helier, Jersey, schwimmen Kinder auf eine Plattform zu. Der Tidenhub in der Meeresregion beträgt bis zu zwölf Meter. Saint Helier ist mit 28 000 Einwohnern die größte Stadt Jerseys und zugleich die Hauptstadt der Insel

SINGAPUR Singapur in Südostasien ist nur ein winziger Punkt auf der Weltkarte, doch wirtschaftiich ein Riese. Vor allem reiche Privatpersonen und Unternehmen schätzen den Stadtstaat, dessen Volkswirtschaft zu der am stärksten deregulierten und privatisiertesten der Welt zählt. Ökonom Merten: „Casinos nehmen Bargeld – auch aus schwarzen Quellen –, Schweizer Banken bieten hier noch Nummernkonten, und Luxusimmobilien locken mit Wertzuwachs." Allerdings gehöre das legendäre Bankgeheimnis inzwischen der Vergangenheit an. Trotzdem zieht die Millionenmetropole weiterhin Kapital an. Merten: „Singapur bietet einen freien Devisenmarkt. Kapitalgewinne sind steuerfrei."

tärer Privatschulen", schreibt Shaxson. „Entweder ist man Teil des Zirkels, oder man ist gegen ihn." Gerade diese Fähigkeit, einen Establishmentkonsens aufrechtzuerhalten und Unruhestifter kaltzustellen, qualifiziere Inseln besonders zur Steuerfluchtdestination.

Auch wer die Historie der Steueroasen verstehen will, landet bei zwei Inseln: umtost von Irischer See, Atlantik und Nordsee die eine; umrahmt vom festen Staatenbund der Europäischen Union die andere. Großbritannien und die Schweiz könnte man Mutter und Vater der vielen Oasenkinder nennen.

Im Fall der Schweiz ist der Widerstand gegen Steuern fordernde Autoritäten gar Motiv der Gründungslegende. Einst trieb Landvogt Gessler in der Talgemeinde Uri Steuern im Namen des Grafen von Habsburg ein. Damit nicht genug: Er verlangte auch, dass jeder seinen Hut grüße, den er im Dorf auf eine Stange gesteckt hatte.

Der Rest ist bekannt: Wilhelm Tell kam vorbei, verweigerte die Unterwerfungsgeste und musste zur Strafe einen Apfel vom Kopf seines Kindes schießen. Er traf die Frucht, nicht seinen Sohn, sagte aber – immer noch stolz und trotzig –: Wäre sein Kind gestorben, hätte er auch den Landvogt getötet. Vielen ist diese Legende Beleg dafür, dass der Kampf

Naval El Farveisa und seine Verlobte posieren in Singapur für ein Vorabhochzeitsfoto – ein üblicher Brauch in Südostasien. Im Hintergrund liegt das Hotel „Marina Bay Sands“, ein riesiger Komplex mit einem Kasino, eines der neuen Wahrzeichen der Stadt. El Farveisa ist Architekt in Jakarta, arbeitet aber regelmäßig in Singapur

Phil Davis, hier im Maxwell Food Court in Singapur, war Vizepräsident des Technologiekonzerns Dell Asia Pacific & Japan. Er lebte mehr als fünf Jahre lang in Singapur. Wie viele andere Konzerne auch, verlagerte Dell einen wichtigen operativen Unternehmensteil aus steuerlichen Gründen nach Singapur. Davis arbeitet heute für das amerikanische IT-Unternehmen Hewlett-Packard

gegen Steuern den Schweizern quasi ein nationales Erbe ist.

Bis zum wahren Aufstieg der Schweiz zur Urmutter aller Steueroasen vergingen allerdings noch Jahrhunderte. Nach dem Ersten Weltkrieg begannen die großen Nachbarstaaten, durch Tod und Zerstörung auch finanziell geschwächt, Vermögen massiv zu besteuern. Die Schweiz, neutral seit dem Wiener Kongress, geprägt von einer starken Bankiersvereinigung, bot dem Geld der Nachbarn Zuflucht und – von Anfang an – die Möglichkeit der Steuerhinterziehung: Zwischen den Schweizer Banken und dem Ausland gab es keinerlei Informationsaustausch. So verzehnfachte sich das von den Schweizer Banken verwaltete Auslandsvermögen zwischen 1920 und 1938.

1974, als die erste Erhebung der Schweizer Anlagemilliarden stattfand, lagerte schon fast ein Drittel aller amerikanischen Aktien, die Ausländern gehörten, in der Schweiz. Nach den amtlichen Daten vom Herbst 2013 beträgt die Summe der in der Schweiz gebunkerten Auslandsvermögen inzwischen 1800 Milliarden Euro.

Die Geburt der zweiten Ursteueroase begann mit einem Zusammenbruch. 1957 endete der Konflikt um den Sueskanal für die Briten mit einer internationalen Demütigung. Jeder spürte, dass Großbritannien nicht länger Weltmacht, das Empire endgültig auseinandergebrochen war. Kurz darauf schuf man in der City of London, dem seit je autonom regierten Finanzzentrum Englands, den

Google Asia Pacific mit Sitz in Singapur bietet seinen Mitarbeitern einen Erholungs- und Ruheraum, wohin man sich bei Bedarf zurückziehen kann. Das amerikanische Internetunternehmen hat in den vergangenen Jahren Milliarden an Steuern gespart, indem es Gewinne an Tochterunternehmen in Steueroasen weiterleitete

Euromarkt. Auf ihm konnten Auslandswährungen gehandelt werden, ohne dass die britischen Kontrollgesetze griffen.

Das klingt harmlos. In Wahrheit aber kreierte man damals einen regellosen Finanzplatz, der bis heute das Herz eines riesigen Oasenimperiums ist. „Das moderne Offshoresystem begann sein explosives Wachstum nicht auf skandalumwitterten Palmeninseln in der Karibik oder am Fuß der Alpen in Zürich. Alles begann in London, als das formale britische Weltreich einem weit subtileren Gebilde Platz machte", schreibt Nicholas Shaxson.

Der Politologe Ronan Palen erforschte, wie sich der Euromarkt innerhalb von zehn Jahren von Insel zu Insel ausbreitete und so ein Verbund entstand, den er das „Zweite Empire" nennt. Die Ersten waren die Inseln im Ärmelkanal, die dem britischen Festland am nächsten sind. Bald danach folgten die einst britischen Gebiete in der Karibik, die Cayman-Inseln, Bermuda, die Britischen Jungferninseln, schließlich Hongkong und einige winzige Atolle im Pazifik. „So konnten Geschäfte mit kriminellem und anderem Geld von der City of London aus abgewickelt werden, aber sie fanden weit genug entfernt statt, dass der üble Geruch nicht in die britische Hauptstadt wehte", so Shaxson.

Die USA hatten die europäischen und die britisch kontrollierten Steueroasen lange bekämpft. In den 1970er-Jahren änderten sie ihre Taktik. Lobbyisten hatten schon lange argumentiert, dass die USA nicht wettbewerbsfähig seien, wenn sie die Oasen nicht nutzen würden. Heute ist

Der Freeport ist so etwas wie das Fort Knox von Singapur, ein Hochsicherheitssafe. Chef des Superbunkers ist der Schweizer Tony Reynard (rechts). Christian Pauli, ebenfalls Schweizer, ist General Manager von Fine Art Logistics, das den Transport von Wertsachen regelt. Der Freeport, wo Kunst, Gold und Bargeld lagern, ist ein fiskalisches Niemandsland ohne behördliche Kontrollen

der Bundesstaat Delaware wegen laxer Kontrollen eine der beliebtesten Adressen für Briefkastenfirmen. Miami lockt mit einem ehernen Bankgeheimnis. Und auch Oasen wie Panama oder Puerto Rico zählen zum amerikanischen Einflussgebiet.

Damit stand das System. Es folgte die Expansion. Seit den 1980er-Jahren ist sowohl die Zahl der Steueroasen als auch die Geldmenge, die über sie verbucht wurde, explosionsartig gestiegen, berechnete Zucman. Statt sich Konkurrenz zu machen, haben sie den Weg wahrhaft cleverer Kapitalisten gewählt: Sie haben sich vernetzt und spezialisiert.

Wieder und wieder lese ich die Kennzahlen, die ich über die Caymans gesammelt habe: 90 000 Firmen, mehrere hundert Banken, mehr als zwei Billionen Dollar in den Depots. Dann blicke ich auf und denke: Hier? Das kann nicht sein. Das Zentrum der Hauptstadt George Town durchläuft man in wenigen Minuten. Es gibt eine Post, drei Banken, ein paar Souvenirshops und ein Café, aber keine Wolkenkratzer, keine Bürotürme und damit keine der Insignien aus Glas und Stahl, mit der die Finanzindustrie andernorts ihr Terrain markiert.

Am Ende stehe ich vor dem Ugland House, einem verspiegelten Bürobau in unschuldigem Weiß. Es wurde weltberühmt, weil hier rund 20 000 Firmen ihren Sitz haben, alles *exempted companies*, steuerbefreite Unternehmen. „Entweder ist das das größte Gebäude der Welt oder der größte Steuerbetrug", sagte Barack Obama, als er noch Senator war.

Das Ugland House hat vier Etagen. Ich betrete das bis auf zwei Ledersessel leere Foyer. Nicht einmal das Display, von dem ich las, auf dem die Namen der hier registrierten Firmen vorbeiflimmern, ist zu sehen. Nicht einmal Briefkästen. Als der US-Senat eine Untersuchungskommission hierhinschickte, erging es den Ermittlern ähnlich. Am Ende entdeckten sie 18 857 gemeldete Unternehmen: in Form von Aktenordnern in Büroschränken.

Im Ugland House arbeiten vor allem findige Anwälte. Sie konstruieren Firmen, besorgen Urkunden, Bankkonto und – falls gewünscht – auch Personen für den Aufsichtsrat. „Kreative Buchführung" nennt man das. Als der US-Energieriese Enron pleiteging, ließ sich an der Bilanz das Ausmaß ablesen. Enron hatte 881 Tochterfirmen in Steueroasen, davon 692

Der Finanzminister der Britischen Jungferninseln, Neil M. Smith, hat einen wunderschönen Ausblick aus seinem Büro in Road Town, Tortola. Seit fast zehn Jahren schon übt er dieses Amt aus, und er hat – zumindest auf dem Papier – viel zu tun: In seinem Land, das gerade einmal 30 000 Einwohner zählt, sind mehr als 800 000 Unternehmen registriert

auf den Caymans. Darüber kann man sich wundern und empören. Aber fast alles, was im Ugland House geschieht, ist legal.

Es sind – neben den Superreichen – vor allem Unternehmen, die die Weltkarte der Steuervermeidung zu nutzen wissen. Sie kennen die Highlights der einzelnen Oasen. Und so verschachteln sie ihre Vermögen und Firmen immer virtuoser. Die Cayman-Inseln locken mit dem Nullsteuerangebot und laxen Regeln für Hedgefonds. Auf den Britischen Jungferninseln und in Delaware lässt sich bestens eine Aktenordnerfirma gründen. Luxemburg macht Fonds Steuerschnäppchenangebote. Und die Niederlande saugen Milliarden an, weil sie einen Teil der im Ausland erzielten Einnahmen nicht besteuern.

Längst nehmen die meisten Waren und Dienstleistungen, die wir kaufen,

BRITISH VIRGIN ISLANDS

Die Britischen Jungferninseln sind laut Ökonom Merten „ein Stück England in der Karibik, wo man mit US-Dollar bezahlt, Muskatnuss in den Cocktail raspelt und das Leben genießt“. Sie sind aber noch mehr: ein Ort, wo Offshoregesellschaften steuerfrei sind. Das britische Überseegebiet finanziert sich hauptsächlich über Gebühren, die Unternehmer aus dem Ausland für die Gründung einer Briefkastenfirma entrichten. Allerdings will das Mutterland Großbritannien es den Steueroptimierern nicht mehr so leicht machen. So sollen auf den Jungferninseln künftig Unternehmensregister öffentlich einsehbar sein.

An einem Strand im US-Bundesstaat Delaware hat jemand sein Handtuch mit dem Aufdruck eines 100-Dollar-Scheines ausgelegt. Delaware ist ein beliebtes Reiseziel für Geschäftsleute aus Washington D.C. – und Amerikas beliebteste Steueroase. Mehr als eine Million Unternehmen sind hier registriert, darunter rund 60 Prozent der 500 weltweit größten börsennotierten Konzerne

DELAWARE

Im US-Bundesstaat Delaware zahlen Holdings keine Unternehmenssteuern, wenn sie nicht vor Ort produzieren. Zu entrichten ist lediglich eine jährliche Registrierungsgebühr. Gewinne aus Lizenzen, Patenten, Marken- und Urheberrechten müssen ebenfalls nicht versteuert werden. Hunderttausende Unternehmen sind daher mit Tochterfirmen in Delawares Hauptstadt Wilmington vertreten. Dorthin werden die Gewinne verschoben, um die Steuerlast niedrig zu halten.

zwei Wege: einen realen und einen virtuellen. Bananen mögen in Costa Rica geerntet und nach Hamburg verschifft werden. Aber der Konzern wird dennoch die Einkäufe von seiner Tochter auf den Caymans tätigen lassen, seine Finanzgeschäfte via Luxemburg abwickeln, seine Markennamen in den Niederlanden registrieren, das Management auf der Kanalinsel Jersey, die Versicherung auf Bermuda und die Schiffsflotte auf der Isle of Man.

Das Ausmaß dieser Luftbuchungen lässt sich nur erahnen: Der Hauptteil des weltweiten Handels läuft inzwischen konzernintern ab. 2013 waren bei 60 Prozent der Schweizer Konten die Inhaber in Panama angesiedelte Briefkastenfirmen, auf den Britischen Jungfern-

Richard J. Geisenberger (links) leitet die Unternehmensabteilung im Staatsministerium von Delaware. Im Wilmington State Building, wo seine Behörde sitzt, empfängt er einen Mann, der eine Firma in Delaware gründen will. Die Eintragung ins Handelsregister dauert nur wenige Minuten, die Tochter sitzt auf dem Sessel, es werden keine Fragen gestellt

inseln registrierte Trusts oder Stiftungen mit Sitz in Liechtenstein.

Nur selten werden Dokumente öffentlich, die konkrete Geldströme darstellen. 2012 gelang solch ein Einblick bei Google, oder genauer: bei Google Ireland Ltd. Über diesen Konzernteil, aus Steuergründen in Dublin gelegen, bucht Google fast alle Einnahmen aus Anzeigen: 2012 waren das 15 Milliarden Euro. Gut die Hälfte davon reiste direkt weiter. Google Ireland zahlte das Geld als Lizenzgebühr an eine niederländische Tochter, die fast alles an einen anderen irischen Außenposten von Google überwies, dessen Management aber auf den Bahamas sitzt.

Rund 30 Milliarden soll Google bislang auf diesem Weg in die Karibik geschleust haben. Apple zahlte zuletzt auf die Milliarden, die das Unternehmen außerhalb der USA einnahm, lächerliche zwei Prozent Steuern. Und Facebook schaffte Hunderte Millionen ebenfalls via Irland auf die Cayman-Inseln.

„Und da liegt das Geld dann trocken und warm in der Karibik, während das kalte Novemberwetter in den Klassenzimmern im Wedding die altersschwachen und undichten Fenster beschlagen lässt", schreibt der Steueranwalt Achim Doerfer, dessen Kanzlei einen Mandanten berät, der Schweizer Bankdaten an die deutschen Behörden verkauft hat.

Es ist ein irres Geschäft, das wenigen nutzt und vielen schadet.

Knapp sechs Jahre ist es her, dass die Regierungschefs der G-20-Länder in London das „Ende des Bankgeheimnisses" ausriefen und das Ende der Steuerflucht proklamierten. Trotzdem sind die Vermögen, die in Oasen lagern, seither um 25 Prozent angeschwollen. Ist also das Versprechen eines „Kampfes gegen Steueroasen" nur Gerede? Wollen die Staatschefs nicht handeln? Oder können sie nicht?

Diese Fragen sind zu simpel. Es gibt auf der Welt 194 anerkannte Staaten. Die allermeisten von ihnen versuchen, mit allerlei Sonderangeboten Kapital anzulocken. Auch Deutschland gilt, betrachtet man die Erbschafts- oder Kapitalsteuer, als oasenähnlich. Das Ende der Steuerflucht ist nur zu schaffen, wenn sich fast alle 194 Staaten einig wären, was Steuerstandards und Strafen angeht.

Das klingt unwahrscheinlich, ja fast unmöglich, wenn man bedenkt, dass der

Im 66. Stock des Trump Ocean Club in Panama City befindet sich ein Kasino für sogenannte *high rollers*, Gäste, die um besonders hohe Summen spielen. Das Casino hat ein eigenes Restaurant, eine Bar und einen Swimmingpool mit Blick auf den Pazifik. Die Frau im Schwimmbecken ist eine vermögende Brasilianerin, die eine Luxuswohnung in dem Gebäude bewohnt

PANAMA Panama ist ein Paradies für Firmen. Das lateinamerikanische Land ermögliche die Gründung einer Gesellschaft so einfach, preiswert und unbürokratisch wie fast nirgendwo, schreibt Ökonom Merten. Die Kosten für eine Firmengründung betragen zwischen 1000 und 1500 US-Dollar, die jährlichen Folgekosten liegen bei maximal 500 Dollar. Merten: „Panama ist eine reinrassige Steueroase. Es erhebt keinerlei Steuern auf Fremdquelleneinnahmen wie auf Erlöse und Dividenden."

Jackpot umso mehr anschwillt, je mehr anständige Player es auf der Welt gibt. Nur ein Gedankenspiel: Was passiert, wenn von 50 Steueroasen 40 das Geschäft aus Gewissensgründen aufgeben? Richtig: Der Gewinn der verbliebenen zehn würde explodieren.

Die Recherchereise zu den Cayman-Inseln nutzte Julia Friedrichs, Jahrgang 1979, Journalistin in Berlin, auch zum Kennenlernen der Meeresbewohner: Gleich am ersten Tag fuhr sie wie alle Touristen zu einer Sandbank, um einen Stachelrochen zu küssen.
Zwei Jahre arbeiteten Paolo Woods, Jahrgang 1970, und Gabriele Galimberti, geboren 1977, an ihrem Fotoprojekt über Steueroasen. Nun erscheint ihr Buch „The Heavens. Annual Report". Außerdem werden die Bilder im Herbst beim Fotofestival Mannheim – Ludwigshafen – Heidelberg in der Kunsthalle Mannheim ausgestellt. Beide Fotografen werden von der Agentur Institute vertreten.

Authentisch, einfühlsam

mare No. 105, „Emmi und Soschka"

Ihre Reportage über Mukoviszidose finde ich beeindruckend, herzlichen Dank für diese Arbeit! Ich möchte Sie ermutigen, sich für den Journalistenpreis der Stiftung AtemWeg zu bewerben. Es würde uns freuen, wenn mit diesem Preis ein so authentischer, einfühlsamer und ehrlicher Bericht über eine Mukoviszidose-Familie ausgezeichnet würde.

Stephan Kruip, Vorsitzender des Mukoviszidose e.V. und Mukoviszodosepatient, Zorneding

Ein Grund zu erinnern

mare 109, „In aller Welt und nirgends zu Hause"

Meine Frau und ich sind begeistert über die umfangreiche Darstellung der „Flucht übers Meer", sowohl über Ihr Vorwort als auch über die etlichen Porträts der ins Exil getriebenen Deutschen. Viele Einzelheiten wussten wir noch nicht. Es muss nicht immer der 70. Jahrestag der Befreiung vom Faschismus der Anlass sein, um an das menschenfeindliche System der Nazis zu erinnern. Insbesondere der Generalstaatsanwalt von Hessen, Fritz Bauer, und die Durchsetzung des Auschwitz-Prozesses waren für mich, der in jüngeren Jahren im NDR die wöchentlichen Reportagen dazu hörte, ein Grund, mich gerade dieses Jahr daran zu erinnern.

Uwe Scheer, Hamburg

Falls Sie bei Ihrem Bericht über Friedelind Wagner wie bei den anderen Beiträgen von ihr ein Foto abdrucken wollten, haben Sie sich gehörig vergriffen. Ihr Foto auf Seite 50 zeigt nicht Friedelind, sondern ihre Mutter, die unbelehrbare Hitler-Verehrerin Winifred. Das Thema insgesamt und die einzelnen Textbeiträge sind – wie könnte es bei **mare** anders sein – aber wieder ausgezeichnet.

Otto Thumm, Pleidelsheim

Herr Thumm – wie auch viele weitere aufmerksame Leserinnen und Leser – hat mit jeder Silbe recht. Durch einen Übermittlungsfehler sind in der Tat Name und Foto von Mutter und Tochter vertauscht worden. Wir entschuldigen uns für dieses Versehen nicht nur bei unseren Lesern, sondern auch bei Friedelind Wagners Angehörigen.

Größter Meister

mare 106, „Das Fenster zur Kunst"

Erst spät, dafür aber mit umso größerem Genuss habe ich Ihr Matisse-Special in die Hände bekommen. Als regelmäßiger Leser einschlägiger Kunstzeitschriften war ich unerwartet gepackt von der interessanten Perspektive auf verschiedene Aspekte des Matisse'schen Schaffens, insbesondere über die Darstellung der Nachwirkungen seines Collioure-Aufenthalts auf seine Epigonen. Alle drei Artikel gehören mit zum Besten, was ich seit Langem zum größten Meister der Moderne gelesen habe.

Gero Mendiger, per E-Mail

Wir freuen uns über Ihre Briefe, müssen uns aber Kürzungen vorbehalten.

mare Leserbriefe,
Pickhuben 2,
20457 Hamburg,
mare@mare.de,
Fax +49/(0)40/369 859 99

Notizen einer Landratte, *32.*

In Archiven, die nur ihm bekannt sind, stieß unser Kolumnist Maik Brandenburg auf sensationelle Tagebuchaufzeichnungen berühmter Vielreisender. Er fragt sich: Muss die Geschichte der Seefahrt neu geschrieben werden?

James Cook, Bark „Resolution", Sommer 1772, weit hinter Kapstadt

„Schon den dritten Tag hintereinander Sauerkraut. Blöde Wette. Wie kommt das Zeug eigentlich an Bord? Muss wohl dem Quartiermeister mal das Salz aus dem Brägen schlagen. Immerhin ist das Saufutter eine tolle Strafe, da kommt sogar Kielholen nicht mit. Der freche Midshipper krümmt sich immer noch auf dem Unterdeck. Pfützensegler! Dachte wohl, dass ich nicht so weit gehe, ihm Sauerkraut einzuhelfen. Aber ich werde zur Not weiter gehen, als je ein Mensch zuvor gegangen ist! Zeigt sich ja auch wieder bei der Wette: Wem von der Crew zuletzt die Eingeweide platzen, darf dem Südkontinent seinen Namen geben. Dabei gibt es das Ding gar nicht, weiß es längst. Ich lass sie trotzdem das Unkraut fressen, muss ja weg. Über Bord damit? Arme Fische. Ich halte durch, und wenn dieses verdammte Spiel eine Woche dauert. Schon wegen des Deutschen [meint wohl den Naturforscher Georg Forster, der bei der zweiten Weltumsegelung Cooks dabei war, *d. Verf.*]. Arrgh! Eher murkst mich ein Nacktfuß in der Südsee ab, als dass die Bratwurst gewinnt. Hab noch extra Kümmel reingemacht, sollte ja richtig leiden, der Preußenstock. Fuc … [unleserlich] sh … [unleserlich], der Typ scheint der Einzige, dem das Zeug schmeckt. Will sogar das Rezept. Kann er haben. Ein Volk, das einen lieblichen Black Pudding nicht zu schätzen weiß, mögen die Darmwinde zerreißen.

Notabene: Den sieben Heulbojen mit dem Skorbut geht es seit heute besser. Merkwürdig."

Charles Darwin, HMS „Beagle", Spätsommer 1835, bei Galapagos

„Göttliche Athene, welch ein Radau am Heck. Bibo ergo sum! Sie raufen mal wieder um den Branntwein. Horribler Liquor, wenn's nicht grad so lecker wäre. Aus wack'ren Mannsbildern werden Infanten, nein, richtige Affen, vanus simiae, der Sprache kaum mehr mächtig. Am Ende liegen sie wie Einzeller (Protozoen) im eigenen Schleim. Bäh! Evolution kann offenbar auch retour. Ich trinke da nicht mit, trotzdem dies kein leichtes Unterfangen ist. Nur die Harten kommen in den Garten (gute Idee, nur sollte ich für die Herren Academicusse die Worte ein wenig expolieren). Congratulatio, Charly, wieder etwas entdeckt. Jetzt mag mir noch ein weißer, wallender Bart wachsen, dann zweifelt keiner mehr, dass ich von Gott abstamme. Vielleicht bin ich's ja selber, Deo volente. Ei, diese Reise wird ein einziger Triumph für meine Theorien. Wenn sie bloß nicht so arg dauern würde. Schon die vierte Woche ohne Land, das ist nicht gut. Ein Schiff ist ja auch eine Insel, fern aller Welt. Weiß doch, was dann passiert – es generieren sich anatomische Abnormitäten, da graut's dem Metzger. Hier auf dem Schiff sind schon nur noch Arschnasen, Spatzenhirne und Ferkelfressen. Und der Kapitän ist ein, ach, irgendetwas Ekliges auf Latein. Jedenfalls eine ganz neue Species."

Christoph Kolumbus, „Santa María", Herbst 1492, Indien!

„Halbnackt, mit kaum einem Fetzen am Leib, betraten wir die rettenden Gestade. Freundliche Leute, wirklich. Lächelnd übergab uns ihr Anführer (sein Name ist Andrew Walter, ich sollte ihn einfach An Walt nennen) ein Geschenk. Gold? Nein, ein dicker Stapel Papiere. Eine Klage wegen ‚Entblößung in der Öffentlichkeit'. Sieht so aus, als müssten wir alle Schätze, die wir in Eldorado finden, an eine ‚Kanzlei' abliefern. Keine Ahnung, was das ist. Aber wie sollen wir dann die Schiffe reparieren lassen? Oder Trinkwasser und Nahrung bezahlen? Frage mich sowieso, wie wir damit zurechtkommen sollen. Zwar essen sie hier auch so runde Teigtaschen mit Füllung, ähnlich unserem Pasticcio. Aber da ist wenigstens Fleisch drinnen. Und ihr Wasser scheint ungenießbar. Es ist wie schwarzes, flüssiges Zucker, es brennt in der Kehle, als verschlucke man ein Sägeblatt. Ihre Kutschen fuhren fast bis ins Meer. Überhaupt, nie sah ich einen von ihnen laufen. Aber sie haben Füße! Das alles macht mir arge Bedenken. Dies ist definitiv eine neue Welt. Soll sich ein anderer damit rumschlagen. Vespucci von mir aus, der Kerl will ja auch bald hierher. Ich bleib einfach dabei: Ich war in Indien, Punkt.

Komisch, der Anführer wusste gleich meinen Vornamen."

Illustration: Pascal Cloëtta

Nimm mich mit, Kapitän, in den Westen

Landolf Scherzer heuerte auf einem DDR-Fangschiff an, um von den Arbeitern auf See zu erzählen. Sein Buch „Fänger und Gefangene" dokumentiert die Hochseefischerei des deutschen Ostens

Text: Danuta Schmidt Fotos: René Röhlich und Günther Kröger

FÜNFZIG TAGE UNTER DECK IN der Fischverarbeitung, auf dem „Portugiesendeck", wie es in der DDR-Fischerei hieß. Zwischen Diesel- und Schweißgeruch, zwischen Hackwanne und Filetiermaschine. Offene Wunden an den Händen von den Stacheln des Rotbarschs, ein paar Stunden Schlaf in der Nacht, oft zwölf Stunden im null Grad kalten Schlachtraum, mit rohem Fisch, umgeben von rohen Gemütern. Im Blick aus einem 15 Zentimeter großen Bullauge: nur Gischt, selten ein Ozean. Seekrankheit, zum Kotzen.

100 TAGE AN BORD

Es ist körperliche und mentale Schwerstarbeit

Es ist ein vereinendes Schicksal derer an Bord; sie sitzen und schuften alle in einem Boot, zwei Mann auf vier Quadratmetern, irgendwo vor Labrador und Neufundland. Es ist körperliche und mentale Schwerstarbeit.

Und dann – St. John's, Neufundland: „Schweigend genießen wir an Deck den Anblick der schneebedeckten, gespreizten Felsenschenkel, die weit ins Meer ragen und in deren Geborgenheit wir nun hineingleiten. Trotz der zehn Grad Kälte beginne ich vor Aufregung zu schwitzen. Ein Fort am Eingang zur Bucht, dann riesige Öltanks, Blechbaracken, Blockhäuser, Fischerkähne und zwei Frachter, Hochhäuser, Straßenlärm, eine große, aus Felssteinen gebaute Kirche auf dem Berg über der Stadt … Ich kann mir keine Einzelheiten einprägen, zu gierig sind die Augen." Landolf Scherzer, der diese Zeilen schrieb, hatte auf diesem Schiff angeheuert. Offiziell als Arbeiter. Inoffiziell als Schriftsteller.

Es ist ein Vormittag im Februar 1978. Die Männer gehören zu einer der größten Fangflotten der Welt: der des VEB Fischkombinat Rostock. Sie kommen aus Thüringen, Sachsen, Mecklenburg; 40 Männer zwischen 18 und 63 Jahren. Ihre Rufnamen: Dombrowski, Widder, Opa, Odysseus. Frisch geduscht für zwei Tage Landgang, mit sauber und zu heiß gewaschenen Hosen und Hemden. Mit neuem Fassonschnitt auf dem Kopf, den der Fischmehler trotz des schaukelnden Dampfers einigen verpasst hat, eingenebelt in den Duft des „Irischen Frühlings".

Manche zünden sich die erste Zigarette, eine F6 oder eine Club, in der Neuen Welt an, einige lächeln sich verheißungsvoll zu. Für die 16 „Jungfrauen" an Bord, darunter auch Scherzer, ist es vielleicht der unvergesslichste Augenblick ihres Lebens: der erste unmittelbare Kontakt zum Westen. „Da ist auf einmal diese Welt, die du eigentlich nicht sehen darfst."

„St. John's ist nichts Besonderes. St. John's ist kein Ort fürs Reisehandbuch. Touristisch nicht erwähnenswert, ohne Bedeutung. Doch für die Männer an Bord ist es Paris." Zwei Tage werden die Fischer und der Schriftsteller Landgang haben, zwei Tage werden sie den wilden Westen auskosten, ob in einer Bar oder im Bett einer Kanadierin – mit gerade zwei D-Mark im Gepäck. Für diese beiden Tage Landgang heuern manche auf der schwimmenden Fischfabrik an. Mitten im Winter im unberechenbaren Atlantik. „Ich stand immer an unserem kleinen Meer, an der Ostsee, und sah das Meer und den Horizont. Ich wusste: Dahinter ist eine andere Welt", erinnert sich Scherzer.

Mehr als drei Monate, 100 Tage, 2386 Stunden, ist er an Bord eines Fangschiffs Baujahr 1962, das seit 16 Jahren die Weltmeere kreuzt. Scherzer ist damals 36 Jahre alt, zu Hause hat er zwei Kinder und eine Frau. Er ist völlig unerfahren auf dem Meer und neigt zum Schwindel. „Schon als Kind wurde mir, wenn sich das Karussell drehte, schon vom bloßen Hinsehen schlecht." Er weiß, dass ihn die Seekrankheit quälen wird. Aber auch, dass er es aushalten will.

Er ist neugierig. Er will die Abgründe der Seele ergründen und ein Stück Sozialismus, das ungewöhnlich für den DDR-Bürger und doch typisch ist für das System. Die Planwirtschaft verplant sogar die Unwägbarkeiten der Meere, die Willkür des Klimas und den Weg der Fischschwärme.

Fisch war in der DDR ein subventioniertes Grundnahrungsmittel und zugleich ein kostbares Exportgut. Man schickt seine Seeleute immer weiter weg, um das Soll zu erfüllen. Und rechnet mit dem sich anpassenden Menschen. Am Ende jeder Fahrt zählt die DDR ihre Schäfchen und ist froh, wenn keines fehlt. ➢

Rechte Seite oben **Landolf Scherzer (mit Mütze) an Bord der „ROS 303 Friedrich Wolf". Die Schiffe der DDR-Fischfangflotte trugen Namen von Schriftstellern**

Die Schiffe im Hafen sind größer, rostiger und verbeulter, als ich dachte. Die Männer darauf lächeln nicht stolz und optimistisch wie in den Werbeprospekten der Kaderabteilung.

Als der Kai dunkel und menschenleer wird, zittert das Schiff unter den 2100 Pferdestärken der Hauptmaschine.

Die Matrosen setzen die Netze rund um die Uhr aus, und alles, was sie oben fangen, müssen wir unten schlachten.

Kein Hol ist unter 300 Korb.

Fünf Tage arbeiten wir bis zur Erschöpfung. Danach verschwindet der Kabeljau so urplötzlich, wie er gekommen ist.

Linke Seite **Die Fischereischiffe der DDR waren technisch auf modernstem Stand. Das höchste Fangergebnis erreichte die Flotte 1971: 220 000 Tonnen**

Scherzer war schon als Kind einer, der sich traut, Fragen zu stellen. Schnell festigte sich in ihm der Wunsch, Journalist zu werden. Journalisten wurden an der Leipziger Karl-Marx-Universität ausgebildet, die Fakultät war auch als „rote Kaderschmiede" bekannt. Nur wer eine reine Weste hatte, möglichst mit Parteibuch, durfte dort studieren. Nur wer in der Partei war, durfte dort dozieren.

Scherzer studiert ab 1962, er gehört zu den Besten. Von 1964 bis 1965 nimmt er an einem Reportagekurs teil, den die Zeitschrift „Neue Berliner Illustrierte" veranstaltet. Leiter des Seminars ist der in der DDR lebende Schweizer Journalist Jean Villain. In diesem Kurs sollte „Profil" entstehen, ein als Pendant zum „Spiegel" geplantes DDR-Nachrichtenmagazin. Es kam über eine Nullnummer nicht hinaus. Kritische Reportagen über die DDR wollten die Professoren nicht lesen. Die Teilnahme wird dem Studenten Scherzer zum Verhängnis. 1965 wird er exmatrikuliert.

Bis 1975 ist er Redakteur bei einer Thüringer Tageszeitung. Seine erste große Reise führt ihn nach Sibirien. In dem daraus entstandenen Buch „Nahaufnahmen" berichtet er über die Lebensverhältnisse, die nicht recht zum verordneten Bild der großen Sowjetunion passen. Er schreibt, was er sieht. „Ich wurde immer gefragt: Warum kritisierst du das? Ich habe gar keine Kritik geübt. Aber die Realität zu beschreiben, das war bei uns schon Kritik."

1976 will er als Schriftsteller auf einem Fangschiff anheuern. Ihn interessieren die Menschen in extremen Umständen: der Knochenjob, die unberechenbare See, das Zusammenleben mit Fremden auf engstem Raum, die lange Trennung von Frau und Familie. Nach drei Monaten auf See werden die Besatzungen an Bord, oft in Halifax, ausgetauscht. Am Ende der Reise wird jeder Seemann, zurück in der Heimat, ein eigenes Taxi besteigen. Nicht etwa, weil er das Geld dazu hat. Nach 100 Tagen können sich die Seeleute oft nicht mehr riechen. „Es war ja keine Kreuzfahrt, es war elende Schinderei."

Auf DDR-Schiffen wurden nur solche eingesetzt, die ein unzweifelhaftes Verhältnis zur Staatsführung hatten und in „gesitteten" Verhältnissen lebten. Die Fischer brauchten einen Sichtvermerk im Seefahrtsbuch, der alle zwei Jahre erneuert wurde. Wer in Scheidung lebte, bekam keinen Sichtvermerk, weil man fürchtete, er könne sich bei der nächsten Fahrt in den Westen absetzen. Für einen Seebären war der fehlende Stempel das Schlimmste.

„Ich bin aus freien Stücken aufs Schiff gegangen. Es war kein Auftragswerk. Ich wollte nichts wissen von diesem ganzen sozialistischen Kladderadatsch mit Betriebszeitung, Held der Arbeit, Planerfüllung und so etwas. Ich wusste, dass es nur diese einzige Reise für mich geben wird. Es war ein gnadenlos harter Job. Du funktionierst genauso wie die Filetiermaschine, die in einem unaufhörlichen Rhythmus Filets ausspuckt, du stehst und stehst und schneidest und schneidest. Aber: Du musstest dich um nichts kümmern. Du hast dein Essen gekriegt, dein Bier – wenn auch rationiert –, du hattest deine Kumpels."

Er beantragt im Fischkombinat Rostock einen Seemannspass für alle Länder der Erde. Seine einzige Chance, an das begehrte Dokument zu kommen, ist sein Beruf: das Porträtieren von Menschen, Zuständen, besonderen Orten. Der Schriftstellerverband der DDR macht sich für Landolf Scherzer stark. „Es wusste doch niemand, was ich schreiben werde. Wir hatten ja schon den ‚Bitterfelder Weg'. Es war im Sinne der Partei, dass sich die Schriftsteller mit den Problemen der Arbeiterklasse beschäftigten. Der arbeitende Mensch sollte einen aktiven Bezug zu Kunst und Kultur bekommen."

Scherzer wartet. Nichts passiert. Dann schreibt er Kurt Hager, Chefideologe und oberster Kulturboss des Zentralkomitees. „Hat die Partei so viel Vertrauen zu mir als Schriftsteller, dass ich mit meinen Büchern Zehntausende beeinflussen kann? Und so wenig Vertrauen, dass sie annimmt, dass ich vor Grönland wie ein Eisbär über die Eisschollen hopsen werde, um abzuhauen?" Er bekommt die Genehmigung.

Dann geht alles ganz schnell. Scherzer wird von der Seereederei in Rostock als Produktionsarbeiter eingeteilt. Er wird „Stinker", so nannte man die niederen Arbeiter an Bord, weil sie in kürzester Zeit den Geruch des Fisches annahmen. In nur fünf Tagen wird der Neue aus Sachsen zusammen mit 22 anderen Landratten seetauglich gemacht. Ein Eisverkäufer und ein Bibliothekar knicken sofort ein, als erklärt wird, was zu tun ist, wenn das Schiff sinkt.

DER SEEMANNSPASS

Am Ende jeder Fahrt zählt die DDR ihre Schäfchen

Ende Januar 1978 geht der langhaarige, schmächtige Schriftsteller in Rostock an Bord des Fang- und Verarbeitungsschiffs „ROS 303 Friedrich Wolf". Die Schiffe der Flotte trugen Schriftstellernamen, Bodo Uhse, Bertolt Brecht, Erich Weinert, Willi Bredel, Ludwig Turek. Auf einem heuerte nun ein echter Schriftsteller an. Im Buch heißt das Schiff „ROS 703 Hans Fallada". „Die ‚Hans Fallada' gab es nicht. Mir war wichtig, mit dieser Umbenennung auch einen Strich zwischen Fiktivem und Echtem zu ziehen." ➢

In dem engen Labyrinth von Gängen, Treppen und Decks hatte ich meine Kammer erst nach vielem Fragen gefunden.

Endlich wird gelacht in der Messe. Und plötzlich reden fast alle, berichten von Schallplatten und Taschenrechnern, die sie aus Kanada mitgebracht haben.

Linke Seite **Koje, Kombüse und Messe eines DDR-Fangschiffs. Die Seeleute lebten mehrere Monate auf engstem Raum zusammen. Jeder Landgang im Westen war ein Abenteuer und zugleich ein Privileg**

Bei der Ausfahrt aus Rostocks Hafen durch den engen Warnowstrom sehen sie noch einmal die Lichter der Stadt. Dann sind es nur noch Richtscheinwerfer, die die Beulen und Schrammen ihres Kahns belichten.

Scherzer schreibt: „Zum ersten Mal balanciere ich über eine schwankende Gangway, stolpere über gespannte Stahltrossen, stoße mir den Kopf an der niedrigen Tür zum Schiffsbauch, hangele steile, enge Treppen hinunter und verlaufe mich hilflos in den winkligen Gängen." Seine Kabine ist eine Außenkabine, backbord, zwei mal zwei Meter für zwei Männer. Es ist eine der kältesten des Schiffes, darunter liegt der Frostraum. Die Wände sind mit Nacktfotos tapeziert; sie sind mit Zahnpasta festgeklebt. „Damit beim Austauschen nicht die Brüste abreißen."

Der Schriftsteller kommt aus den Bergen, nach dem Studium lebt er mit der Familie in Suhl. Er hat nicht einmal einen Seesack dabei, dafür auf Anraten anderer: Teppichknüpfwolle, ein paar Flaschen Schnaps, hausgeschlachtete Wurst, Formalin zum Präparieren von Seespinnen, ein paar Lederhandschuhe. Alles Vertraute bleibt zu Hause.

„Am Anfang machst du alles falsch. Doch mit der Zeit wirst du Bestandteil dieser Crew, die an die Entbehrungen schon lange gewöhnt ist. Und dann hast du dieses gute Gefühl, das du sonst nirgends hast. Da entsteht eine geistige, eine Existenznähe, die ich in meinem Leben nie wieder erfahren habe."

Scherzer ist nur einmal an Bord. Andere fahren 30, 40 Jahre lang. „So einen Rhythmus habe ich nie wieder erlebt. Vor allem ein Rhythmus, der keinerlei Fluchtmöglichkeiten bietet. Sechs Stunden stehst du an der Hackwanne, dann ziehst du dich um, versuchst zwei Stunden zu schlafen, und dann wieder sechs Stunden Hacken." Dazwischen ist „Coffeetime", wie sie es nennen, kurze Erholungspausen für die Schwerstarbeiter. Freie Wochenenden gibt es nicht.

Irgendwann kommt Langeweile auf, die Gesprächsthemen gehen aus; nur noch Witze reißen, Streichholzpyramiden bauen, Stricken, Teppiche knüpfen. „Der Schiffsdoktor sagte mir immer: ‚Nach 100 Tagen halt deine Hände lieber in der Hosentasche. Sag kein Wort zu viel. Da sind die Männer hier *abgefischt*. Da kann jedes falsche Wort zum Konflikt führen.'"

Im Mai 1978 ist die Reise zu Ende. 1983, gut fünf Jahre später, erscheint das Buch des ehemaligen Produktionsarbeiters Landolf Scherzer „Fänger und Gefangene. 2.386 Stunden vor Labrador und anderswo". Kurze Zeit später wird es aus dem Verkehr gezogen, und dem Autor wird verboten, das Fischkombinat in Rostock jemals wieder zu betreten. Zu realistisch und ehrlich hat Scherzer wohl die Schinderei an Bord beschrieben. Doch das verhindert die Verbreitung seines Werkes nicht, das den Alltag der DDR-Hochseefischer wie kein anderes Zeitdokument darstellt.

„Mir schrieb neulich ein Funker, die Funker hätten das Buch über Fernschreiber vervielfältigt, es von Schiff zu Schiff weitergegeben, jede Seite per Funk, ein ganzes Buch."

Nach der Wende werden 2000 Exemplare von „Fänger und Gefangene" im Betriebsgebäude des VVB Hochseefischerei Rostock gefunden. Die Parteioberen hatten sie seinerzeit aufkaufen und dort einlagern lassen.

Die DDR-Fischereiflotte mit mehr als 400 Trawlern, Transport- und Fangschiffen wird verhökert: nach Spanien, Russland, in die Türkei, nach China. Von den schlagartig arbeitslos gewordenen 4000 Hochseefischern fuhren zehn Jahre später nur noch 300 als Binnenfischer oder für andere Länder.

Scherzer lebt seit mehr als 20 Jahren im Thüringer Wald, zum Glück auf einer Kuppe. So kann er die Wellen des Waldes bis zum Horizont sehen. „Ich war auch mal segeln in Dänemark, da wurde ich wieder seekrank. War in Asien, in Afrika. Aber das war es alles nicht. Ich möchte meine Bilder nicht übermalen, möchte bewahren, was ich erlebt habe. Mein Speicher ist voll, ich zehre nun davon."

Er schleift regelmäßig seine Filetiermesser von einst, benutzt sie gern, wenn er vor Freunden Fisch zerlegt. Zehrt auch vom Thüringer Hochseefischerstammtisch, dessen Mitglied er ist. Regelmäßig treffen

NACH DER WENDE
2000 Bücher werden im Fischkombinat gefunden

sich mehr als 200 ehemalige Seeleute und blättern in Erinnerungen. Und wenn er am Meer steht, die See sieht, selbst dann, wenn er Fisch kauft, denkt er: „Scherzer, die Zeit auf dem Dampfer war die beste Zeit deines Lebens."

Danuta Schmidt, Jahrgang 1971, lebt als Autorin in Berlin. Der Geruch von Bootslack in der Sonne erregte in ihr bereits als Kind die Sehnsucht nach Meer. Auch wenn damit nur eine Gartenlaube in den Thürniger Bergen gestrichen wurde.
Von Landolf Scherzer erschienen zuletzt die Chinareportagen „Madame Zhou und der Fahrradfriseur" sowie das Griechenlandporträt „Stürzt die Götter vom Olymp", beide im Aufbau Verlag.
René Röhlich war Schiffsbäcker auf DDR-Fischereischiffen, Günther Kröger war Kapitän. Beide haben **mare** *Bilder aus ihren Privatarchiven zur Verfügung gestellt.*

Welches Heft fehlt Ihnen noch?

Bestellen Sie einfach und schnell unter www.mare.de oder kontaktieren Sie uns per Telefon +49/(0)34206/65-135 oder per Fax +49/(0)34206/65-1739.

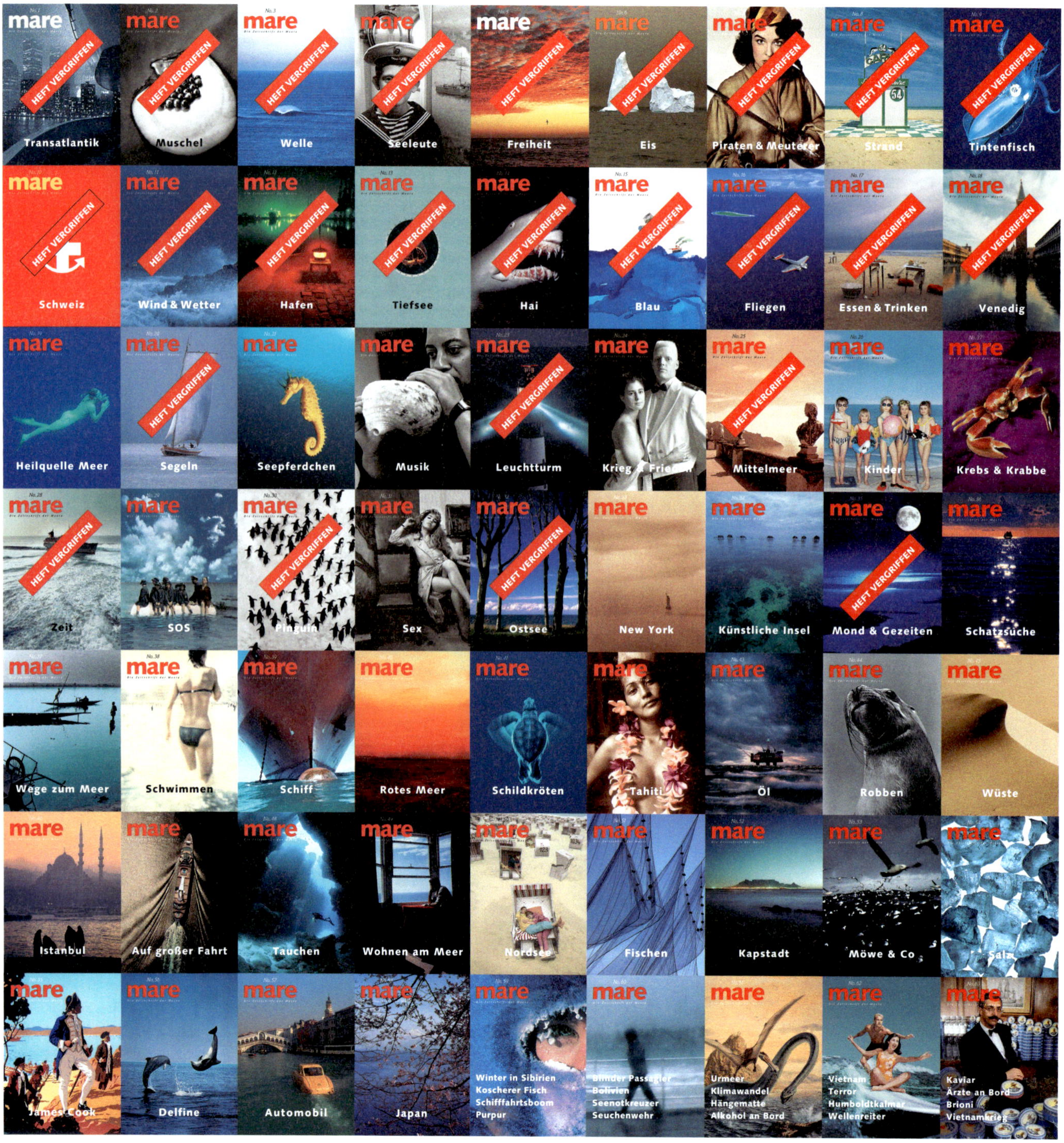

Mehr im **mare**shop

In unserem **mare**shop unter **www.mare.de** finden Sie nicht nur sämtliche **mare**-Hefte, -Bücher, -Kalender und -Bildbände, sondern auch passende Schuber, unsere beliebten Badetücher und viele weitere Produkte. Und wenn Sie vergriffene Hefte suchen oder Platz in Ihrem **mare**-Regal schaffen wollen, dann schalten Sie doch eine Gratisanzeige in unserem Hafenbasar (bei Fundstücken) und handeln dort mit gebrauchten Heften.

Zum Beispiel:
mare-Sammelbox
18 € / 35,80 CHF

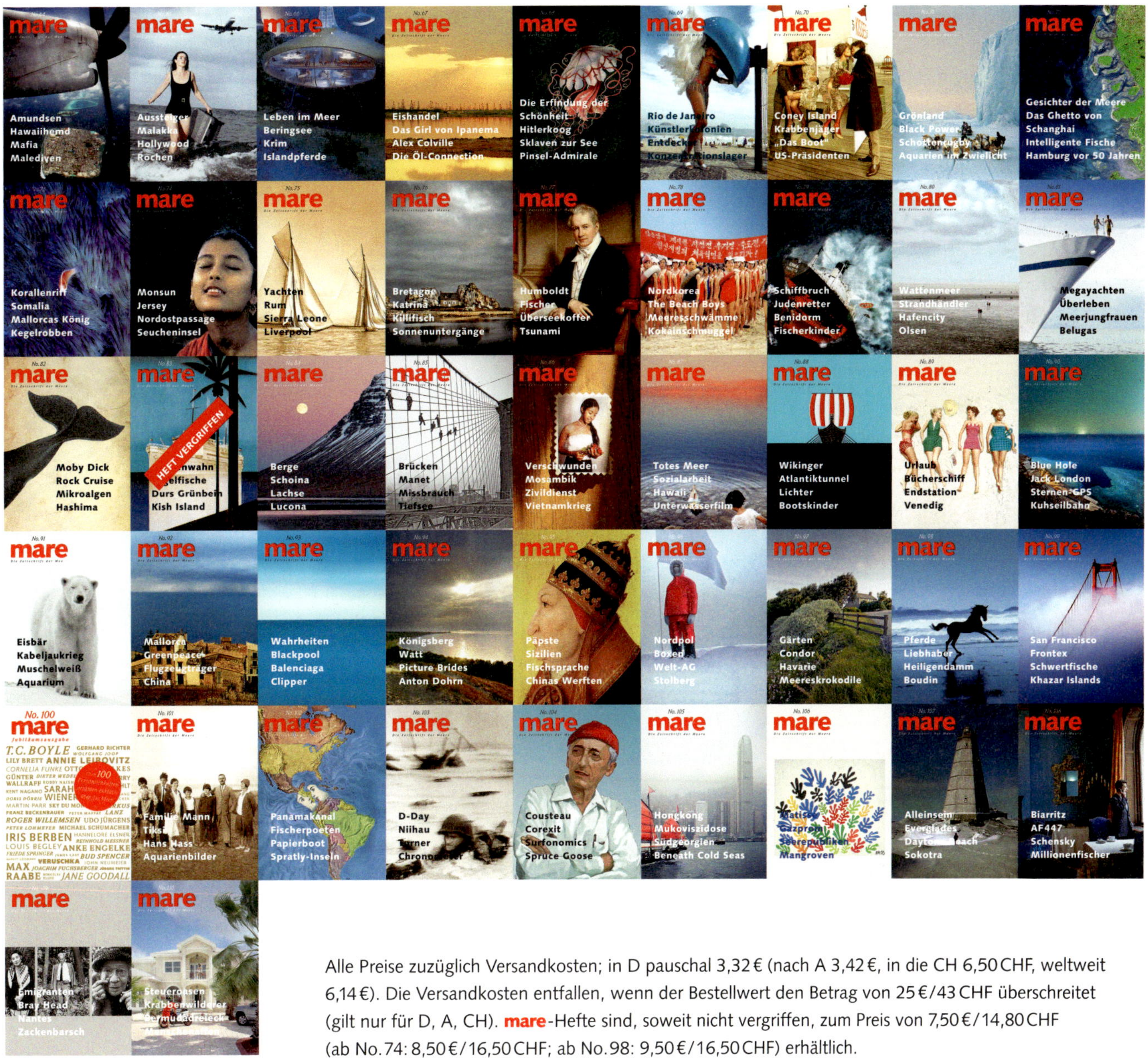

Alle Preise zuzüglich Versandkosten; in D pauschal 3,32 € (nach A 3,42 €, in die CH 6,50 CHF, weltweit 6,14 €). Die Versandkosten entfallen, wenn der Bestellwert den Betrag von 25 € / 43 CHF überschreitet (gilt nur für D, A, CH). **mare**-Hefte sind, soweit nicht vergriffen, zum Preis von 7,50 € / 14,80 CHF (ab No. 74: 8,50 € / 16,50 CHF; ab No. 98: 9,50 € / 16,50 CHF) erhältlich.

ANDERE SAITEN AUF SEE

Er sorgt für das Vergnügen der Kreuzfahrer und hat selbst am meisten Spaß dabei. Thomas Schmidt-Ott ist Programmmacher und leidenschaftlicher Musiker in einer Person

Text: Martina Wimmer
Fotos: Stefan Pielow

Urlaub ist das keiner: Wenn Thomas Schmidt-Ott an Bord eines Schiffes ist,

WENN MAN ALS MUSIKER IM Weißen Haus auftritt, zu Ehren von George Bush senior, und der danach zu einem sagt „I loved your music“: Ist das der Höhepunkt der Karriere oder der Zeitpunkt, zu dem man den Beruf wechseln sollte? Thomas Schmidt-Ott hat Letzteres getan. Das hatte durchaus mit seinem Kunst- und Selbstverständnis zu tun, aber nichts mit dem Urteil des Expräsidenten. Die telefonische Zusage seines zukünftigen Arbeitgebers erreichte ihn im Backstage des ehrwürdigen Amtssitzes. Er war als Cellist nach Washington D.C. gereist und kehrte als angehender Chef einer internationalen Truppe zurück. Seine neue Berufsbezeichnung war dann auch gleich eine amerikanische, er wurde „Director Entertainment“ der TUI Cruises.

Auf Deutsch kann *director* vieles heißen: Regisseur, Intendant, Dirigent. Das Wörterbuch verzeichnet auch den etwas angestaubten Gleichklang „Direktor“, der einen heute mehr an Zirkus als an Chefetagen denken lässt. Ein wenig von jedem steckt nun im Arbeitsalltag von Thomas Schmidt-Ott, dem promovierten Wirtschaftswissenschaftler, für dessen Person und Lebenslauf „vielseitig“ ein eher unzureichendes Adjektiv ist. Wer ihm begeg-

hat der Arbeitstag 16 Stunden. Die Bürozeit an Land beginnt um 7.30 Uhr mit der täglichen Morgenroutine: Er spielt eine Stunde Cello

net, könnte sich täuschen lassen. Von einem wenig direktorialen Büro mit Raufasertapete und Zimmerpalme im Neonlicht. Von einem freundlichen Mann mit dezenter Brille und sanfter Stimme, der, erster Hinweis auf seine Qualitäten im Zuständigkeitsbereich, ein sehr unterhaltsamer Erzähler der eigenen Geschichte ist.

Im Alter von sechs Jahren hatte Schmidt-Ott, Spross einer Industriellenfamilie aus Trier, begonnen, Cello zu spielen, die Liebe zur Musik wurde von seiner Mutter sanft erzwungen. Die wahre Passion für das Instrument entflammte zusammen mit ähnlich starken Gefühlen für eine Geigerin, die er im Jugendorchester kennenlernte. Während seines Studiums der Wirtschafts-, Musik- und Theaterwissenschaft übte er bis zu acht Stunden Cello am Tag, die Uni besuchte er, weil seine Eltern der Meinung waren, er müsse doch etwas Vernünftiges lernen. Zur Sicherheit hatte er vorher noch eine Banklehre absolviert. Und ein Praktikum bei den Berliner Philharmonikern, wo ihm der damalige Leiter des Hauses gezeigt hatte, wie das Management eines Orchesters funktioniert.

Für das, was später aus ihm werden sollte, spielt zudem eine Rolle, dass Thomas Schmidt-Ott während des Studiums in Berlin im Souterrain der Villa seines Urgroßvaters wohnte. Friedrich Schmidt-Ott war preußischer Kultusminister und Mitbegründer der Deutschen Forschungsgemeinschaft. Er hat die Finanzierung von Expeditionsschiffen wie der ersten „Meteor“ vorangetrieben, als Dank hat man einen atlantischen Berg südöstlich von Kapstadt nach ihm benannt. Ein Bild des „Schmidt-Ott Sea Mount“ hing im Büro des Urgroßvaters, das, dekoriert mit Erinnerungsstücken diverser Forschungsreisen, unangetastet geblieben war. In diesem Raum, so Schmidt-Ott, gründe seine Faszination für die Meere.

Perfekte Akustik auf Hoher See, die Holzoptik allerdings ist nur aufgeklebt: Thomas Schmidt-Ott (Zweiter von rechts) mit Musikern des Deutschen Symphonie-Orchesters Berlin auf der Bühne des „Klanghauses"

Im Jahr 1989 hat er seine erste Seereise gemacht, als Mitglied eines Streichquartetts durchschiffte er die Ostsee auf der MS „Odessa", einem Schiff für 550 Passagiere, das unter sowjetischer Flagge fuhr. Die Erinnerung spült eine Programmchefin mit endlos langen Fingernägeln hoch und eine Kellnerin, die jeden Abend die gleiche Dessertauswahl anpries: „Apfel, Banane, Orange?" Die Bordunterhaltung war ähnlich begrenzt. Heute bespielt seine Abteilung vier Riesendampfer, auf jedem können 2500 Menschen Urlaub machen. An Seetagen stehen rund 50 verschiedene Veranstaltungen auf dem Programm.

Doch bevor Schmidt-Ott so weit kam, waren noch einige Landaktivitäten zu absolvieren. Im historischen Jahr seiner ersten Schiffsreise gründete er die Kammerphilharmonie Berlin, das erste Orchester, das Musiker aus beiden Teilen Deutschlands vereinte und als perfekter Symbolträger durch die Welt tourte. Mit einer Tochterfirma des erfolgreichen Unternehmens versorgte er die Kreuzfahrtbranche mit ernsthafter Musik. Mozarts „Zauberflöte" als Begleitprogramm einer Atlantiküberquerung war der damalige Höhepunkt.

Die Seemeilen seines Cellos hat er nicht gezählt, aber sein Fotoarchiv birgt andere Superlative. Eines der „schönsten Erlebnisse seines Lebens": Schmidt-Ott an einem Südseestrand mit Instrument und einheimischem Kinderchor. Er hat eine Fernsehreihe konzipiert, die ihn und das Cello extremen Prüfungen aussetzte. Er strich die Saiten auf Eisschollen in der Antarktis und während eines Fallschirmsprungs über Hawaii. Parallel dazu schrieb er seine Doktorarbeit. Danach wurde er Kulturreferent des Berliner Senats, Orchesterdirektor des Deutschen Symphonie-Orchesters, Chefmanager der Klangkörper des Bayerischen Rundfunks.

Immer hat er dabei versucht, die Strenge des klassischen Kanons zu durchbrechen, hat Orchestermusiker auf Kabarettbühnen gelockt und Konzerte in der Reichstagskuppel und im Kanzleramt organisiert. Um andere Hörerschichten zu erschließen für das Konzertwesen, das ihm zu starr wurde mit seinem „Korsett aus Ritualen, Kulturzwängen, Konventionen". Es spricht der Wissenschaftler, wenn er über Publikumsströme reflektiert, die in der Hochkultur abebben und vergreisen. Am Institut für Kultur- und Medienmanagement der Freien Universität Berlin lehrt er „Audience Development".

Für die Arbeit in der Praxis, für die Erschaffung von Kulturereignissen und guter Unterhaltung, gründete er eine Firma mit Musikerfreund Wolfram Korr. Der war früher Konzertmeister am Staatstheater Cottbus und ist heute bei TUI Cruises mit im Boot, als „Senior Head of Arts & Entertainment". Als man sie aufforderte, ein Konzept zur Zerstreuung an Bord zu erdenken, war die Flotte des Touristikkonzerns noch eine Fiktion. Am Anfang waren sie sieben Leute in der Abteilung. Jedes Kasperletheater hat mehr Figuren. Aber wahrscheinlich fühlte es sich trotzdem an wie Wunschkonzert und Weihnachten zugleich: ein Riesenschiff voller Möglichkeiten und ein Publikum mit niedriger Reizschwelle, weil es nirgends Eintritt zahlen muss.

Es soll von Vorteil sein, wenn Führungsfiguren den Betrieb von unten kennen. Bei Schmidt-Ott und seiner Truppe war es zwingende Notwendigkeit. „Wir haben alle alles gemacht. Shows geschrieben, Regie geführt, Musik komponiert, Kostümideen im Netz gesucht …" Unzählige Lehrstunden, befeuert von Aufbruchseuphorie. Heute kann er sich entspannt zurücklehnen und fröhlich sagen: „Wir haben natürlich auch Flops hingelegt."

Die Grundregel der Bordunterhaltung ist schnell verinnerlicht. Kein Programm darf länger als 45 Minuten sein, länger mag der Gast nicht verweilen, es gibt außer Lesungen, Konzerten, Theater ja auch noch Essen, Trinken, Baden, Sonnen, Saunen und den ewigen Meerblick als Alternative. Mit dem Kreuzfahrtboom steigen die Erwartungen der Gäste. Und wenn jede Linie alles bietet und noch mehr, wird es immer schwerer, sich von der Konkurrenz abzuheben. Schmidt-Ott glaubt, dass die Kultur dabei eine entscheidende Rolle spielen kann. Seine Abteilung besteht mittlerweile aus 50 Profis, die an Land Inszenierungen vorbereiten, und etwa 60, die je Schiff für die Umsetzung sorgen, insgesamt gut 300 Leute. Mit denen er nicht nur Musicalpotpourris auf die Theaterbühne stellt, weil

Umschalten auf die Managementebene: Auch auf einem Vergnügungsdampfer gibt es tägliche Meetings zur Problembewältigung

kein Feriendampfer auf die leichte Muse für die Massen verzichten kann. Sondern auch szenische Lesungen erarbeitet, wie jene von Jules Vernes „20 000 Meilen unter dem Meer", zu der der Ausnahmeorganist Cameron Carpenter, in einem Filmeinspieler als Käpten Nemo kostümiert, grandios finstere Klänge beiträgt.

Es war Schiff Nummer drei, bei dem sich für Schmidt-Ott ein ganz eigener Kreis schloss. Der erste Neubau in der Flotte erfüllte dem „Director Entertainment" einen Wunsch. Ein Kammermusiksaal fährt mit ihm zur See, sie nennen ihn „Klanghaus". Dort können bis zu 300 Gäste höchster Tonqualität lauschen, ein Soundsystem simuliert neun verschiedene Raumklänge, per Knopfdruck wird das „Klanghaus" zur Philharmonie oder Kathedrale. Und der Mann, der früher versucht hat, der Hochkultur das Korsett zu lockern, freut sich nun über einen seriösen Spielort auf dem Vergnügungsschiff.

Fast noch ungewöhnlicher als Dvořák, intoniert von einem Streichquartett des Deutschen Symphonie-Orchesters, ist, dass sich bei Konzerten im „Klanghaus" die Türen schließen und die Zuhörer vorsichtig, aber bestimmt gebeten werden, nicht ein und aus zu gehen, wie es ihnen beliebt. Zwangsverordnete Ruhe im Dauertrubel eines Kreuzfahrtschiffs. Manche Gäste scheinen fast dankbar dafür.

Mehrmals im Jahr geht der Direktor an Bord, um zu erfahren, ob die Unterhaltungsmaschine auf See rund läuft. Ein schmaler Mann, meist schwarz gekleidet, er taucht dann auf wie ein Schatten, im Theater, im „Klanghaus", hinter den Bühnen und auf den täglichen Meetings der leitenden Crewmitglieder. Man könnte glauben, er wolle die Eminenz im Hintergrund geben, doch Schmidt-Ott ist Programmgestalter in außergewöhnlicher Doppelfunktion. Er tritt gerne auf an Bord, mit seiner Band Yello Cello, mit Musikern, die er seit Studententagen und länger kennt. Sie spielen Jazz und witzeln sich danach durch lange Barabende. Dabei sind Hochschulprofessoren und renommierte Orchestermitglieder, Schmidt-Ott sagt, er sei froh, dass die sich noch dazu herabließen, mit ihm zu musizieren. Ein Imageproblem indes hat er nicht. Es könne sein, dass frühere Wegbegleiter mit steifem Kragen ihn belächeln, aber: „Gute Unterhaltung ist eine schwierige Kunst. Der Klassikbetrieb hat ein Nachfrageproblem. Wir hingegen feiern ständig Standing Ovations."

Man macht sich allerdings auch angreifbar, wenn man als Unterhaltungschef einer Kreuzfahrtlinie für deren Passagiere identifizierbar wird. Nach einem Kabarettprogramm im „Klanghaus" geigt ein ergrauter Gast Schmidt-Ott recht deutlich die Meinung. Er mochte das Wort „Mumienschlepper" als Synonym für Kreuzfahrtschiff nicht. Schmidt-Ott hat den Text geschrieben. Das war dann wohl wieder der anderen Seite zuviel.

mare-*Redakteurin Martina Wimmer hielt sich durch unfreiwilliges Wandern in Bewegung. Noch nie hat sie sich so oft verlaufen wie an Bord des riesigen Kreuzfahrtschiffs.*

Fotograf Stefan Pielow ärgerte sich beim beschwerlichen Kraulen im Schiffspool über die Wellenmaschine. Bis ihm die Erkenntnis kam, dass bei Seegang auch das Schwimmbecken mitschwingt.

SAILING
JOURNAL

Regelmäßig Meer.

Abonnieren Sie **mare** und sichern Sie sich 3 Ausgaben zusätzlich gratis! Einfach auf nebenstehender Postkarte 3 Hefte ankreuzen und heute noch absenden. Noch mehr Hefte finden Sie zur Auswahl unter **www.mare.de**.

Zusätzlich zu **mare** – der Zeitschrift – gibt es auch die Möglichkeit, **mare**-Kalender und/oder **mare**-Bildbände im Abonnement zu beziehen.
Beide erscheinen einmal jährlich im Herbst.

Der **mare**-Bildband „Schottland"
von Dmitrij Leltschuk und Sirio Magnabosco.

Format: 30 mal 26 Zentimeter, ca. 138 Seiten.
Im Abonnement zahlen Sie für den Bildband nur 49 € / 84 CHF statt 58 € / 98 CHF.

Der **mare**-Kalender „Meeresblicke 2016"

Format: 82 mal 58 Zentimeter.
Im Abonnement zahlen Sie für den Kalender nur 40 € / 69 CHF statt 49 € / 84 CHF im Einzelkauf.

Bildbandcover: © Sirio Magnabosco; Kalendercover: © Chris Burkard/Trunk Archive

Alle **mare**-Abonnements können Sie auch telefonisch bestellen unter **+49/(0)40/3007-3536** oder per Fax unter **+49/(0)40/3007-85 3536** oder im Internet unter **www.mare.de**.

Ihre Vorteile:

- Pünktliche Lieferung aller **mare**-Produkte frei Haus.
- Sie sparen jedes Jahr bis zu 20 % gegenüber dem Einzelkauf.
- Sie können Ihr Abonnement nach Ablauf eines Jahres jederzeit kündigen.
- Als Abonnent erhalten Sie zusätzlich zu den Heften in regelmäßigen Abständen unsere Hausnachrichten mit den „Geschichten hinter den Geschichten" – Spannendes, Erstaunliches, Erzählenswertes aus der Welt der **mare**-Reporter.

Übrigens:

Mit der dem Heft beiliegenden Geschenkabo-Karte können Sie **mare**-Hefte und **mare**-Kalender und/oder **mare**-Bildbände natürlich auch praktisch verschenken.

„Über Wasser. Malerei und Photographie von William Turner bis Olafur Eliasson“, Bucerius Kunst Forum, Hamburg, 13. Juni bis 20. September. Katalog zur Ausstellung bei Hirmer, München, ca. 236 Seiten, ca. 39,90 Euro

Wie das Licht auf dem Meer tanzt

Eine Ausstellung in Hamburg behandelt die Darstellung von Wasser in Kunstwerken und Fotografien aus über zwei Jahrhunderten

ALS DER BRITISCHE MALER WILLIAM Turner im Winter 1807 zum Professor an die Londoner Royal Academy berufen wird, nimmt er sich fast vier Jahre Zeit, bis er 1811 seine ersten Vorlesungen hält. Zwischenzeitlich untersucht er Reflexionen und Spiegelungen, die besonders die sich etablierende Landschaftsmalerei aufwühlen. Er benutzt für seine Studien verschiedene Objekte: polierte Metallkugeln und transparente Glaskugeln, letztere füllt er mit Wasser. Und stellt fest, dass sich bei den Kugeln, in denen Wasser schwappt, keine Regeln über die Brechung des Lichtes aufstellen lassen. Kommt Wasser hinzu, ist die Welt offenbar nicht mehr in einer Formel zu erfassen. Gut 30 Jahre später wird sich die Fotografie auf die Suche nach dem perfekten Licht begeben und sich dabei technisch wie künstlerisch schnell fortentwickeln – bis heute in schöner, kreativer Konkurrenz zur Malerei.

Die Ausstellung „Über Wasser. Malerei und Photographie von William Turner bis Olafur Eliasson“ versammelt gut 160 Kunstwerke aus über 200 Jahren. Sie ist der Beitrag des Bucerius Kunst Forums zur diesjährigen Triennale der Photographie in Hamburg, mehr aber noch ist sie eine gelungene Schau, die nahebringt, wie beide Disziplinen im Wasser ein unerschöpfliches Erkundungsfeld finden.

Die ausgestellten Künstlerinnen und Künstler haben vielseitige Antworten gefunden: wie die vordergründig abstrakten Wattfotografien von Alfred Ehrhardt, der als Maler begann und in der Welt des Wattes seine Formsprache weiterzuentwickeln suchte, um sie von jeder Naturtümelei frei zu halten. Andreas Gursky fotografiert mehr als 80 Jahre später von einer Brücke aus den Fluss Chao Phraya in Bangkok, bearbeitet die Bilder am PC und findet zurück in eine elegische Bilderwelt, die an die Malerei Claude Monets erinnert. Man könnte sich in der Schönheit seiner Aufnahmen rückhaltlos verlieren – würde

Auguste Renoir: Meeresbild, Guernsey, um 1883

nicht der zweite Blick enthüllen, dass auf der irisierenden Oberfläche handfeste Gegenstände schwimmen: ein Teppich aus Müll.

David Hockney ist mit seinen kühlästhetischen Poolbildern vertreten, die vom wachsenden Selbstvertrauen der US-amerikanischen Homosexuellen erzählen. Ganz anders der wüste ukrainische Fotograf Boris Mikhailov: Seinen Badenden in einem Salzsee fehlt jegliche demonstrative Eleganz. Und Martin Parr zerlegt mit der ihm eigenen Unerbittlichkeit jede romantische Vorstellung vom Strandidyll.

Auch vor aktueller Weltpolitik scheut man sich nicht. Mit Verve widmet sich die Schau dem Thema der Flüchtlingsbewegungen über das Meer. Von Thomas Hoepker wird dazu eine beeindruckende Arbeit gezeigt: Der Grenzzaun, der Mexiko und den Süden der USA trennen soll,

Karl Wilhelm Diefenbach: Die Blaue Grotte auf Capri, 1902

erstreckt sich auch in den Pazifik – und mit der vergeblichen Hoffnung auf ein besseres Leben relativiert sich auch der sehnsuchtsvolle Blick auf den Horizont. Auch Lampedusa, bis vor wenigen Jahren eine kaum bekannte Mittelmeerinsel, heute Synonym für die Flüchtlingsdramen unserer Tage, findet sich in der Ausstellung: Das Künstlerduo Federico Baronello und Takuji Kogo thematisiert mit der Videoarbeit „How to Reach Lampedusa“ in Werbefilm-

William Turner: Schautafel: Reflexionen und Brechungen auf einer durchsichtigen Kugel, halb gefüllt mit Wasser, um 1810

ästhetik die Gleichzeitigkeit von Urlaub und Todesgefahr. In „Guitgia, Lampedusa“ setzt sich die Münchner Fotografin Eva Leitolf ebenfalls mit der tragischen Linie zwischen Hoffnung und Schrecken auseinander. Leitolf ist seit Jahren unterwegs, um in Europa Grenzstationen, aber auch unmarkierte Grenzverläufe zu dokumentieren, deren optische Banalität aufgehoben wird, wenn wir erfahren, auf welchen Ort wir schauen. Die Fotografin benutzt für die Verbreitung ihrer Bilderkundungen ein Medium, das im Zeitalter digitaler Kommunikation altmodisch, aber vielleicht deswegen umso stärker wirkt: Sie veröffentlicht ihre Werke in limitierten Postkarteneditionen.

Frank Keil

Michael Köhlmeier:
„Zwei Herren am Strand“,
Carl Hanser, München, 2014, 256 Seiten, 17,90 Euro

Im Sand wandern gegen die Schwermut

Michael Köhlmeier schickt Churchill und Chaplin auf gemeinsame Strandspaziergänge und vermischt gekonnt Fakten mit Fiktion

CHARLIE CHAPLIN EILT ZU SEINEM Freund nach Biarritz. „Im Hôtel du Palais hieß es, Churchill sei unten am Strand. Er male.“ Das ist eine schlechte Nachricht.

Fern von Europa beginnt in diesem Buch die Freundschaft der Männer zunächst mit einem Spaziergang an einem anderen Strand. Die beiden Briten, alter Adel der Staatsmann, aus armen Verhältnissen der Schauspieler und Regisseur, stehen auf einer Terrasse in Kalifornien, und „Churchill fragte, ob Chaplin ihn auf einem Spaziergang über den Strand begleiten wolle“. Chaplin gibt zu bedenken, dass sie mit ihren Partyschuhen im Sand versänken und nasse Füße bekämen. Beide stellen fest, dass dies sie nicht störe. So schildert Michael Köhlmeier den Anfang ihrer lebenslangen Freundschaft.

Was ist das? Eine Doppelbiografie? Eine erfundene Geschichte? Der Icherzähler des Romans ist ein Clown, vor allem aber ist er Jongleur. Virtuos spielt er mit Fakten und Fiktion, wirft Bälle erfundener und tatsächlicher Quellen in die Luft, bis keiner mehr erkennen kann, was Wahrheit und was Dichtung ist.

Mit Small Talk halten sich die beiden Ikonen des 20. Jahrhunderts nicht auf, sie erkennen sofort den anderen als Spiegel des eigenen Ichs, ist doch beiden allzu vertraut der „Bastard aus fehlgeleiteten Impulsen und verpanschter Gehirnchemie“: Beide haben Depressionen. Ihre Spazierganggespräche haben hauptsächlich ein Thema: den Freitod und wie er zu bewerkstelligen oder zu vermeiden sei. Wie ein Maler der dunklen Romantik entwirft Köhlmeier dazu die Landschaft: „Hinter den letzten Häusern war die Welt schwarz und das Wasser nicht vom Land zu unterscheiden.“ Einmal wandern sie in den Malibu Hills. Churchill steigt trotz seiner Leibesfülle bergauf. Er suche einen Platz, wo er seine Staffelei aufstellen könne, gesteht Churchill. „Er male nämlich. Das sei seine Methode.“

Chaplin hingegen schreibt einen Brief an sich, im Liegen. Bis auch er nicht mehr weiterweiß. Wie an jenem Jahresende, als er einen Film fertiggestellt hat und nach aller Euphorie in ein Loch fällt. „In der Nacht meldete sich der schwarze Hund zurück. Er bellte nicht. Er stellte sich vor ihn hin und starrte auf ihn nieder.“ Und so telegrafiert er: „Charlie braucht Winston.“ Und Winston kommt.

Außer um jene finstere Ausweglosigkeit geht es um die Gegenwart von „Charlie und Winston“. Und um den Feind von außen, gegen den dann beide, wenn auch sonst politisch nicht einer Meinung, kämpfen werden: um Hitler.

Das Buch selbst durchwebt tiefste Melancholie, sodass man sich fragt, ob man sich Sorgen machen muss um den Autor, um Köhlmeier selbst. Schon einmal, in „Idylle mit ertrinkendem Hund“ schrieb er gegen die Traurigkeit und den Schmerz mit einer Geschichte an, in der zwei Männer gemeinsam spazieren gehen.

In Biarritz also findet Chaplin den Freund am Strand, „in einen fleckigen Mantel gehüllt“, mit Strohhut, derben Schuhen, „die Staffelei in den Sand gerammt“. Auf der Leinwand ist ein harmloses Meerbild zu sehen. Der Maler „kämpft gegen den Hund in seiner Kehle und seiner Seele“, indem er eine Idylle auf die Leinwand zaubert.

Barbara Schaefer

Daniel Defoe:
„Libertalia. Die utopische Piratenrepublik“,
aus dem Englischen von David Meienreis, aus dem Niederländischen von Arne Braun; Matthes & Seitz, Berlin, 2014, 238 Seiten, 22,90 Euro

Von der Freiheit der Freibeuter

Gestrandete Piraten begründen eine Gesellschaftsutopie – in einem lange vergessenen Text, der Daniel Defoe zugeschrieben wird

GESTRANDET, ABER NICHT ALLEIN. Die 1719 veröffentlichte Geschichte von Robinson Crusoe, seinem Freund Freitag und dem Experiment, auf einer fernen Insel zu wirtschaften, kennt jeder. Ein anderer Seefahrertext des Londoners Daniel Defoe wird dagegen gerne unterschlagen. „A General History of the Pyrates“ erschien 1724 und 1728. Zum letzten Band von Defoes Seeräuberhistorie gehören zwei Kapitel über die radikaldemokratische Piratenutopie „Libertalia“ auf Madagaskar. Die erste deutsche Übersetzung dieser beiden Texte wird begleitet von Defoes Piratensatzungen, dem Zeitzeugenbericht eines erbosten Holländers, dem „Libertalia“-Erbe in Piratenfilmen, politikphilosophischen Kommentaren und smarten Recherchen zum Freibeutertum. So funktioniert das – themengerecht schwarze – Buch wie eine Schatzkiste voll glänzender Perlen der Erkenntnis.

Apropos schwarze Fahne mit weißem Totenkopf: Dieser „Jolly Roger“, lernen wir, wurde erst durch die Rezeption von Defoes Text zur Standardflagge filmischer Piraterie. Zeitgenossen hatten die Wahl zwischen blutenden Herzen, glühenden Kugeln, Stundengläsern oder Speeren, Entermessern, Arm mit Säbel oder Skeletten auf schwarzem, rotem und grünem Grund.

Aber was genau war „Libertalia“? Was berichtet Daniel Defoe als politischer Utopist davon? Ob eine herrschaftsfreie Gemeinschaft versteckter Piraten, ausgestiegener Frauen und entwischter Sklaven auf der Lemureninsel Madagaskar existiert hat, wie in den „Libertalia“-Kapiteln beschrieben, ist umstritten. Dieser – ähnlich wie „Robinson Crusoe“ – aus Fakten und Fiktion kombinierte Text nutzt einen in Romanen des 18. und 19. Jahrhunderts beliebten Trick zur Authentifizierung: Jemand habe ein Manuskript gefunden! Also muss alles wahr sein! Ob Defoe der Urheber der „Allgemeinen Geschichte der Piraten“ sowie Erfinder von „Libertalia“ ist, sieht die Forschung ebenfalls kontrovers: Der Text erschien ursprünglich unter Pseudonym.

Die Story des französischen Seemanns Misson – von Matrosen zum gerechtstrengen Piratenkapitän gewählt – klingt zunächst wie ein Seeabenteuer: fremde Küsten und Kanonen. Doch legen sich Misson und sein weltenttäuschter Kumpel Caraccioli mit dem König von Mohilla an, Inselfrauen gehen an Bord, Caraccioli verliert ein Bein, und das nahe Madagaskar soll zum Schutzplatz werden. So entstehen ein Piratenstädtchen, Forts, Lager, Wohnhäuser für jeden, dank des Nachschubs an

Daniel Defoe war nicht nur weltberühmter Romancier, sondern auch politischer Vordenker

Diamanten, Seide, Teppichen, Gold. Ein ebenfalls aufs Gemeinwohl versessener Schaluppenkapitän kommt hinzu, der (realhistorische) englische Seeräuber Tew. Dessen Matrosen rufen: „Eine goldene Kette oder ein Holzbein, wir stehen auf deiner Seite!“ Später metzeln die Madegassen – ohne Provokation, heißt es – einen Großteil der edlen Libertalier, und der letzte Pirat flieht bis nach Rhode Island.

Aber selbst wenn „Libertalia“ nur Fiktion ist, müsste es zur Spezies der neuzeitlichen Utopien gezählt werden. Zu jenen literarischen Gedankenexperimenten, die seit Thomas Morus' namensgebendem „Utopia“ von 1516 ideale, sozial gerechte Gemeinwesen entwarfen, oft auf abgelegenen Inseln. „Libertalia“ wurde in dieser philosophischen Tradition ignoriert, zu Unrecht, findet Ideengeschichtler und Herausgeber des Buches Helge Meves.

Den Seeräuberberuf interpretiert er als Flucht nach vorn. Die Realitäten im 17. und 18. Jahrhundert bestanden aus Unterdrückung, ruinösen Abgaben und willkürlichen Einkerkerungen. Sklavenaufstände in den Kolonien wurden von Soldaten beendet. So wären viele vom Land aufs Meer geflohen, verlockt von all den Vom-Seemann-zum-König-Aufsteigerbiografien. Das zeitgenössische „Libertalia“ sei daher radikal konsequent und umfassend gerechter als die Ideen der Französischen Revolution Jahrzehnte danach. Meves zitiert den französischen Krimiautor Narcejac, der 1979 eine Graphic-Novel-Variante der Piratenutopie schrieb: „Libertalia [nutzt] das Meer als Instrument der Befreiung.“

Wenn wir also die nächste Totenkopfflagge wehen sehen, könnten wir an die Option denken, gerechte Welten zu schaffen. Ob in unserer Imagination, auf Madagaskar oder sonstwo.

Jutta Vahrson

Sabas Martín:
„Nacaria",
aus dem Spanischen
von Gerta Neuroth,
Konkursbuch, Tübingen,
2009, 192 Seiten,
12,90 Euro

Sabas Martín:
„Die Schritte kommen näher",
aus dem Spanischen
von Gerta Neuroth,
Konkursbuch, Tübingen,
2010, 160 Seiten,
12,90 Euro

Sabas Martín:
„Flut",
aus dem Spanischen
von Gerta Neuroth,
Konkursbuch, Tübingen,
2014, 288 Seiten,
14,90 Euro; Trilogie im Paket 29,90 Euro

Die ganze Welt ist eine Insel

In seiner Romantrilogie über ein fiktives Eiland im Atlantik geht der kanarische Autor Sabas Martín den großen Fragen des Daseins nach

DAS ENDE STEHT BEREITS ZU BEGINN dieser Geschichte fest: Auf der letzten Seite des neuen Romans von Sabas Martín wird sein Protagonist Melchor Camacho verschieden sein. Als Fischer und Vogelfänger wird er ein langes Leben durchschritten haben und eine große Liebe durchlebt; er wird der Hitze und dem Atlantik getrotzt haben. Doch letztlich wird alles vergebens gewesen sein. Sabas Martín, einer der bekanntesten Erzähler der Kanaren, verrät es bereits im ersten Satz: „Viele Tage mussten die Hunde bellen, bis Melchor Camacho schließlich tot im Bett aufgefunden wurde."

Warum also noch weiterlesen und sich durch die sich oft wie konzentrische Wellen ausdehnenden Sätze und die detailverliebte, aber harte Sprache hindurcharbeiten? Nur um ein Leben zu verfolgen, das schon am Beginn vom Autor verloren gegeben worden ist? Melchor Camacho wird tot sein; und kein Leser wird ihn retten können. Auch dem Icherzähler des Buches – ein namentlich nicht genannter Archivar, der Melchors Geschichte aus den Aufzeichnungen eines gewissen Manasses rekonstruiert hat – wird die Erlösung des Helden nicht gelingen. Doch dieser Erzähler, der in dem Buch den Auftrag erhalten hat, ein kurioses „Museum der Wunder" abzuwickeln, will auch gar nichts erlösen oder zu einem besseren Ende bringen. „Schreiben", so verrät er, „bedeutet die Vergangenheit zu bestätigen, sie zu bezeugen; sie darf weder aufgegeben noch vergessen werden."

Es könnte dies das Credo des Autors selbst sein. 1954 in Santa Cruz auf Teneriffa geboren, hat Sabas Martín in bis dato über 30 Büchern – darunter Erzählungen, Gedichtbände und Essays – die wechselhafte Geschichte seiner kanarischen Heimat literarisch verarbeitet. Drei Bücher des Autors sind bisher in deutscher Übersetzung erschienen; allesamt Teil einer Trilogie über eine fiktive Kanareninsel namens Nacaria. Diese, so heißt es im letzten Band mit dem Titel „Flut", ist ein Eiland, „bewohnt von einer Sippe von Verdammten".

Sabas Martín verfolgt die Insulaner durch zwei Jahrhunderte hindurch – die Fischer, die Plantagenbauern und all die anderen Handlanger des kleinen Glückes. Doch dieses Glück will sich auf Nacaria nie wirklich einstellen. Die Protagonisten umspielen es an seltenen hoffnungsvollen Tagen oder greifen vergeblich nach seinem Rockzipfel. Doch am Ende wird die raue Wirklichkeit immer stärker sein als sie. Denn die Insel liegt in „einem Meer, das sich nicht zahm ergibt. Das Meer bekommt man nicht umsonst. Man muss sich ihm entgegenstellen, es bändigen, mit ihm kämpfen".

All das tut auch Melchor Camacho, der Tote aus dem ersten Satz von „Flut". Und dennoch wird er am Ende scheitern. Fast könnte man meinen, dass Melchors Schicksal der Welt, seiner Umgebung und seinem schreibenden Schöpfer egal zu sein scheint. Er ist nur einer von vielen – von Toten, die im Laufe der Nacaria-Trilogie an Strände angespült werden, die an Gelbfieber sterben oder von Zügen überfahren werden.

Sabas Martín ist gnadenlos mit seinen Helden. Seine oft mit Geheimnissen umwobenen Figuren scheinen ihm letztlich nur Platzhalter für etwas Größeres zu sein. Schreibend sucht Martín nach der Offenlegung einer göttlichen Spur. „Flut", so wie zuvor auch schon der 2009 ins Deutsche übersetzte Roman „Nacaria" und der ein Jahr später folgende „Die Schritte kommen näher" sind im Kern symbolische Geschichten über das Schreiben selbst. Mit immer neuen Verschachtelungen sowie auf unterschiedlichsten Erzähl- und Zeitebenen entwickelt der Autor hinter den kargen Begebenheiten eine komplexe literarische Poetik.

Wen also kümmert da Melchor Camacho? Sabas Martín, der in Spanien bereits zahlreiche wichtige Literaturpreise gewinnen konnte, will schließlich nicht nur Chronist oder Biograf fiktiver Gestalten sein. Er will, wie es an einer Stelle von „Flut" heißt, dem göttlichen Schweigen Stimme verleihen. Er will „zeigen, dass Träume, Wünsche, Fantasien über das endgültige Ende hinaus Bestand haben". Es geht in „Flut" also letztlich nicht um sterbliche Menschen, es geht um mystische Schriften und fehlerhafte Übersetzungen, um eine Sammlung von Homunkuli, Elfen, angeblich gar Dornen aus der Krone Christi, und es geht um die geheimnisvolle Interaktion zwischen Lesern und Schreibern. „Schließlich", so legt es der Icherzähler in seinen Aufzeichnungen dar, „existiert das Geschriebene nur, wenn der Leser existiert."

Melchor Camacho also kann tot sein. Weiterleben aber wird eine sich immer wieder verhüllende und enthüllte Welt voller harter Realitäten und unvorhersehbarer Wunder. Weiterleben wird das, was nicht totzukriegen ist: der verborgene Ursprung aller Welten und Texte. Es ist einer kleinen kanarischen Reihe des Heidelberger Konkursbuch-Verlags zu verdanken, dass man sich diesem Ursprung nun auch in einer gelungenen deutschen Übersetzung nähern kann.

Ralf Hanselle

Martin Stock,
Pieter de Vries:
„Wattenmeer“,
Wachholtz Murmann,
Kiel, 2014,
204 Seiten,
49,80 Euro

Abstrakte Formen mit und ohne Meer

Weltnaturerbe aus der Vogelperspektive: Ein Bildband zeigt das Watt von oben und öffnet den Blick auf eine einzigartige Landschaft

DIE PITTORESKEN PFAHLBAUTEN VON St. Peter-Ording sind bestens bekannt. Wer aber weiß, dass das dortige Wattenmeer Teil einer 500 Kilometer langen Landschaft ist, die den Status eines Unesco-Weltnaturerbes besitzt? Vor einigen Jahren haben sich deshalb die beiden Fotografen Martin Stock und Pieter de Vries zusammengetan, um in einer Cessna über diesem weltweit größten Wattgebiet zu kreisen. Entstanden sind Farbfotos, die in ihrer Intensität den Gedanken Flügel bereiten: Tiefe Strömungsrinnen gemahnen an Wüstenwadis, grünblaue Salzwiesen erinnern an Schieferplatten oder abstrakte Aquarelle. Dabei ist die verwunschen anmutende Gegend keineswegs menschenleer. Eine Schmalspurbahn zuckelt nach Borkum, bei Bremerhaven wacht ein einsamer Leuchtturm über den ewigen Wechsel zwischen Ebbe und Flut. Mit einem vierachsigen Truck machen sich die niederländischen Wattbewohner auf den Arbeitsweg zur Anlegestelle in Texel, was besonders bei Springtide mit Westwind zu einem Abenteuer wird. Am rührendsten aber ist das kuriose Trauungszimmer auf der sieben Kilometer langen Sandplate De Vliehors, die tatsächlich „Sahara des Nordens“ genannt wird. Ein Rettungshäuschen auf Stelzen, umrandet von Wasser oder weißgrauem Schlick, das allerdings nichts Melancholisches hat. Im Gegenteil: Dieser überaus gelungene Bildband mit seinen nützlichen Texten weitet Augen und Seele. Ein größeres Kompliment kann man einer Landschaft kaum machen.

Marko Martin

Der Leuchtturm „Hohe Weg“ am Rand des Wattenmeers, 25 Kilometer vor Bremerhaven

Hagen Zielke:
„Hamburgs Marinemaler Jan Horstmann“,
Oceanum, Wiefelstede,
2014, 192 Seiten,
34,90 Euro

Hamburg in Öl

Die gute alte Zeit auf den Bildern des Marinemalers Jan Horstmann

MARINEMALER MALEN NICHT DAS Meer. Ihr Sujet sind Schiffe – egal ob auf hoher See oder im Hafen. Und dies vornehmlich realistisch. Man soll etwas erkennen auf den Bildern, sei es ein Schoner im Sturm, eine Dampfbarkasse oder eine Hafenmole. Malerei als Abbild.

Genau das aber macht die Künstler zu einer Art Chronisten – wie auch Jan Horstmann (1894–1982), dessen Bilder die Hamburger Hafenlandschaft von den letzten Seglern bis kurz vor die Zeit von Elbphilharmonie und Kreuzfahrtcenter begleiten. Es gibt also gerade für Hanseaten viel zu entdecken auf seinen Gemälden. Zumal Horstmann mit Federzeichnung oder als Grisaille oft Momente festhielt wie etwa die Bombardierung der Hafenanlagen 1940. Wie alle Marinemaler war Horstmann einem repräsentativen Stil verpflichtet, der sich für die Ausstattung von Direktorenbüros und Reedereikontoren eignete. Malerei, die sich nicht um künstlerische Entwicklungen scherte oder gar gesellschaftpolitische Positionen. Das Bordleben etwa war sein Thema nicht.

Der entscheidende Kaufimpuls „für die Wahl eines ‚Horstmann‘ dürfte in der authentischen Wiedergabe des gewählten Hafenmotivs gelegen haben“, schreibt Hagen Zielke, der Herausgeber des umfangreichen Bildbands über den bislang wenig gewürdigten Maler. Sein Blick kam von außen, und dennoch fragt man sich, wie der Maler Horstmann wohl den Aufstieg der Containerschifffahrt oder die Hamburger Hafenerweiterung festgehalten hätte. Und ob das für ihn überhaupt ein Sujet gewesen wäre.

Roland Brockmann

An dieser Stelle berichtet **mare** *regelmäßig über neue Bücher aus dem* **mare**-*Verlagsprogramm*

„Warum atme ich? Warum lebe ich?"

Die Schriftstellerin Ulrike Draesner nähert sich ihrer liebsten Insel Hiddensee. Tiefgründig, hintersinnig und sehr persönlich

Bei Ihrem ersten Besuch litten Sie unter Bandscheibenvorfall und einer maroden Beziehung, die Landschaft war fremd, der Fisch schmeckte nicht. Wie konnte Hiddensee Ihre Lieblingsinsel werden?

Der erste Besuch 1997 war grausam. Zunächst. Dann entdeckte ich die Natur, ihre Vielfalt – Berge, Wald, Strand, Heide, Bodden, offenes Meer. Ich begann die Musik dieser Landschaftsformation zu hören und stellte fest: Meine innere Stimme und die äußere passen überein.

Sie sind viel in der Welt unterwegs, eigentlich, schreiben Sie, nicht der Reisetyp, der immer wieder zum selben Ort fährt.

Offenbar gibt es noch einen zweiten Reisetyp in mir. Mein Alltag ist getaktet, Kind abholen, Zug erwischen, bis vor Kurzem absolvierte ich 100 Lesungen im Jahr. Auf Hiddensee gibt es wenig, was mich bedrängt. Hier werde ich auf das Wichtige zurückgeworfen: Warum atme ich? Warum lebe ich? Natur ist ja nicht selbstverständlich, ich empfinde sie als Geschenk.

Wie ist es gelungen, sich der viel beschriebenen Natur auf neue Weise zu nähern?

Durch „nature writing". Charles Darwin war einer der ersten dieser Schreibrichtung. Sie betrachtet Natur nicht als Objekt, sondern den Menschen als Teil von ihr. Es geht um ein Hin- und Herwirken. Bevor ich losziehe, informiere ich mich über einen Landstrich. Wenn ich oben auf dem „Dornbusch" stehe, denke ich: Hier sind Reste eines Bunkers, hier standen NVA-Anlagen; ich frage mich, wie viel Militärgerät steckt im Boden, wie viel Asche aus dem Dreißigjährigen Krieg; obenauf finde ich sprießende Blumen, der Himmel ist blau, es entsteht Urlaubsstimmung. Als Spurenleserin versuche ich die Schichten von Wirklichkeit und Geschichte in Bilder zu übersetzen. Die Natur ist wunderschön, aber bliebe ich allein an der Oberfläche, fände ich bloß Klischees.

Auf Ihren Streifzügen haben Sie das Handy als Diktiergerät benutzt. Wäre das Buch anders ausgefallen, hätten Sie zu Hause aus der Erinnerung geschrieben?

Sicher. Ich habe versucht, meine Wahrnehmungen so unmittelbar wie möglich in Worte zu übersetzen. Die Sprache folgt dem Rhythmus von Laufen und Innehalten. Der hat sich ergeben, weil ich nicht gut Laufen und Sprechen zugleich kann, erst recht nicht, wenn der Hund an der Leine zerrt. Also machte ich Pausen – was zur Insel passt, denn sie ist nicht weitläufig, sondern intensiv. Wie in einer Filmeinstellung, bei der die Blende aufgezogen und das Bild in einem Bereich schärfer wird. So sind auch die „100-Wörter-Bilder" entstanden, eine literarische Gattung, die ich für dieses Buch erfunden habe.

Ulrike Draesner: ***„Mein Hiddensee"****, 192 Seiten, 18 Euro*

Sie flechten sprachphilosophische, kulturgeschichtliche und entwicklungspsychologische Ideen ein. Einmal fragen Sie Ihre Tochter: „Wo ist der Name der Sonne, wenn man ihn nicht ausspricht?" Leider habe ich die Antwort nirgends gefunden.

Vielleicht gibt es keine. Es geht darum, wie wir durch Namen, die wir Dingen verleihen, Wesentliches außen vor lassen. Im Alltag bedeutet "Sonne" oft nur, „ich brauche keine Regenjacke". Auf der Insel passiert etwas anderes. Da nehme ich Sonne als Gestirn wahr, dessen Licht nach achtminütigem Weg durchs All die Landschaft verwandelt und mich, den Betrachter.

Beim Lesen lerne ich viel über Botanik. Habe ich das der Pflanzenbestimmungsapp in Ihrem Handy zu verdanken?

Auch, ja. Ich schlage vieles nach, recherchiere im Internet. Wissen macht Fenster auf. Dann sieht man nicht nur einen Busch, sondern einen Schlehdorn, nicht nur einen Schmetterling, sondern ein Großes Ochsenauge. Ich verstehe das Buch als Augenschule. Wenn man es liest, und sich anschließend neugierig zu seltenen Pflanzen am Boden bückt, das würde mich freuen.

Bei aller Neugier geben Sie sich offenbar ebenso gern der geistigen Entspannung hin: „den Wind in den Kopf lassen", „Wissen fällt ab", „nichts sagen".

Auf Hiddensee fühle ich mich aus der Zeit gehoben. Ich weiß, dass man auch hier krank werden und sterben kann, doch ich fühle nicht so. Die Illusion genieße ich.

Das Gespräch führte Carsten Jasner.

Volker Matthies (Hrsg.):
„Tod am Juba“,
Oceanum,
Wiefelstede, 2014,
111 Seiten, 14,90 Euro

Forschungsreise ins Verderben

Historisch dokumentierter Wahn: Wie ein Baron aus dem Brandenburgischen versuchte, einen Wasserweg durch Ostafrika zu finden

EIN BISSCHEN LIEST SIE SICH WIE eine Mischung aus „Fitzcarraldo“ und „Aguirre“, die Geschichte des Afrikareisenden Carl Claus Baron von der Decken, geboren anno 1833 auf einem brandenburgischen Gut namens Kotzen. Als irren Prä-Kinski muss man sich den finanziell wohl ausgestatteten Abenteurer dennoch nur bedingt vorstellen, zog er Geiselnahmen Einheimischer doch nur dann in Betracht, wenn diese ihm drohten, ihm keine Lebensmittel zu verkaufen für seine Dampferfahrt über den somalischen Fluss Juba. Aber etwas Werner-Herzog-haftes war eben doch an dieser Reiseexpedition, für die 1863 auf der Hamburger Reiherstieg-Werft zwei Flußdampfer gebaut, danach kunstvoll wieder zerlegt und nach Sansibar verschifft wurden, wo sie dann ihre Auferstehung fanden.

Der junge Baron von der Decken hatte sich da bereits einen Ruf als Entdecker des „Schnees auf dem Kilimandscharo“ erworben (avant la lettre lässt Hemingway grüßen), sodass es ihm nicht schwerfiel, finanzielle Unterstützung für seinen neuen Trip aufzutreiben. Briten und Deutsche, aber auch der Sultan von Sansibar – Letzterer gar mit Personal und unschätzbaren Logistikkenntnissen – halfen dem draufgängerischen Adligen, seinen Traum wahrzumachen: einen Wasserweg durch Ostafrika zu erkunden und zu diesem Zweck als erster Europäer per Flussdampfer den in Somalia gelegenen Jubafluss zu befahren.

Bei der Lektüre der Originaldokumente und Tagebücher, die jetzt der Historiker Volker Matthies veröffentlicht und kenntnisreich dokumentiert hat – nicht zu vergessen die beeindruckenden zeitgenössischen Illustrationen –, schießen im Kopf des heutigen Lesers die Assoziationen bald ebenso kreuz und quer wie die Pfeile aus den Köchern diverser Somalis, die vom Ufer aus die fremde Forschertruppe alles andere als freundlich begleiteten. Ein Hauch von „African Queen“, der ebenso stramm wie leicht dilettantische Baron als ein Vorfahr Humphrey Bogarts oder auch als eine Figur in einer nicht geschriebenen Stefan-Zweig-Novelle aus den „Sternstunden der Menschheit“: Auf das pure Gerücht hin, flussaufwärts sei bereits der schottische Afrikaforscher David Livingstone unterwegs und stehle ihm womöglich gerade die potenziellen Entdeckermeriten, entschied nämlich der Baron, die Fahrt trotz Kohlemangels und Lebensmittelknappheit fortzusetzen – in Richtung des illusionären Ziels Abessinien.

Sein Dampfer „Welf“ war da bereits durch Stromschnellen arg in Mitleidenschaft gezogen, das kleinere Begleitschiff „Passepartout“ (unmöglich, hier nicht an die berühmt-skurrile Jules-Verne-Figur zu denken) an der Mündung des Juba gekentert. Nach weiteren Malheuren ging schließlich alles schief, der Baron und einige seiner deutschen Begleiter wurden bei einem Uferaufenthalt ermordet, andere konnten sich mit Glück zurück nach Sansibar retten und zerstritten sich über die Frage, ob und wer von den Einheimischen eventuell ein doppeltes Spiel gespielt habe.

Das Wrack der in Hamburg gebauten „Welf“ aber war, so berichten spätere Reisende, noch in den 1920er-Jahren auf dem Juba zu sehen.

Marko Martin

Anton Hunger:
„Nah am Wasser“,
Klöpfer & Meyer,
Tübingen, 2014,
128 Seiten, 16 Euro

Treibgut Mensch

Anton Hunger verarbeitet Reisen zu stimmungsvollen Erzählungen

BEREITS DER BLICK AUF DEN SCHUTZumschlag verursacht Anfälle von Fernweh. Unendlich erstreckt sich dort der Horizont auf dem blau schimmernden Meer, nur ein heller Farbtupfer stört die Einheitlichkeit. Ein weißes Segelboot durchbricht die Wellen und fährt nach … nun ja, man weiß es nicht.

Ähnlich geht es auch den Protagonisten in Anton Hungers Sammlung von Kurzgeschichten mit dem Titel „Nah am Wasser“. Allesamt befinden sie sich auf der Reise – und mehr oder minder auf der Suche. Doch wohin es gehen soll, ist ihnen alles andere als klar. Holger und Angela beispielsweise haben ein altes Plattbodenboot gechartert, um im Urlaub das IJsselmeer zu befahren. Beide sind Mitte vierzig, vermögend, gebildet, kinderlos und stets bei der Arbeit. Eigentlich sollten sie glücklich sein. Doch Angela möchte ihr bisheriges Leben nicht länger aufrecht erhalten. Angelas Wunsch nach Veränderung weiß Holger nicht anders zu deuten, als statt einer teuren Fernreise Urlaub in Holland zu machen. Wo er bald darauf Angela erwischt, wie sie heiß und innig einen Fremden auf dem Deck ihres Bootes küsst.

Zehn kurze, griffige, aber auch spannende Geschichten hat der Journalist Anton Hunger, der lange Jahre die Kommunikationsabteilung von Porsche leitete, in seinem Büchlein vereint. Jede Geschichte besitzt ihr eigenes Tempo, ihren eigenen Charme. Bei allen spielt aber das Wasser eine Rolle – das seit Urzeiten für das Treiben der Menschen nur eine müde Welle übrig hat.

Marc von Lüpke-Schwarz

Mojib Latif:
„Das Ende der Ozeane“,
Herder, Freiburg, 2014,
319 Seiten, 22,99 Euro

Weckruf zur Rettung der Meere

Der Meteorologe und Klimaforscher Mojib Latif zeigt die dramatischen Folgen der Erderwärmung und gibt dennoch die Hoffnung nicht auf

RÜCKSICHTSLOSE ÜBERFISCHUNG, Erwärmung durch den Klimawandel, Verschmutzung durch Öl, Müll und Abwässer. Es steht außer Frage, dass unsere Ozeane in Gefahr sind. „Wir stehen am Scheideweg“, schreibt der deutsche Meteorologe und Klimaforscher Mojib Latif. In seinem Buch „Das Ende der Ozeane. Warum wir ohne die Meere nicht überleben werden“ verhandelt der Professor am Helmholtz-Zentrum für Ozeanforschung in Kiel, wie wir eine vom Menschen verursachte Umweltkatastrophe noch abwenden können, um eine unserer wichtigsten Lebensgrundlagen zu erhalten. Jene, die denken, in Europa seien wir von den gravierenden Veränderungen der maritimen Welt kaum betroffen, warnt Latif. Denn die „unglaubliche Belastung“ der Meere vollziehe sich „auch schon vor unserer Haustür“. Als einen Hauptgrund macht er die Ölförderung in der Nordsee aus und zitiert aus der von den Grünen beauftragten Studie „License to spill“: „Die Offshoreölförderung in der Nordsee ist und bleibt riskant. Das belegen Unfälle und Beinahekatastrophen der letzten Jahre.“

Wir stünden inmitten eines „gigantischen Experiments“, das die Grenzen der Belastbarkeit von Erde und Ozeanen auslote und dessen Ausgang höchst ungewiss sei. Als Wissenschaftler ist er mit Prognosen vorsichtig, zumal es noch weitgehend unbeantwortet sei, „wie das Leben im Meer auf die Vielzahl der anthropogenen Stressfaktoren reagiert“. Stattdessen entwirft Latif Szenarien für die Zukunft – bis hin zur horrenden Vorstellung vom Ende der Ozeane.

Im Zentrum seiner Ausführungen stehen die Wechselwirkungen zwischen dem Klimawandel und den Weltmeeren. „Die Meere sind eine Art Puffer, sie nehmen große Mengen an Wärme und Kohlendioxid auf und verlangsamen dadurch den Klimawandel.“ Die globale Erwärmung lässt jedoch den Sauerstoff der Ozeane schwinden, wodurch sich dort sauerstoffarme „Todeszonen“ ausbreiten. Wenn am Ende giftige Schwefelbakterien die Oberhand gewinnen, könnte die Erde irgendwann nicht mehr der blaue Planet sein. „Purpurrote Ozeane und ein grüner Himmel“ wären dann die Folgen.

Wenn dieses Szenario nach Latif auch unwahrscheinlich ist, werden wir die Auswirkungen des Klimawandels künftig deutlicher spüren. Das Ungerechte dabei ist: Es wird bestimmte Regionen stärker betreffen als andere – vor allem ärmere in den Tropen. „Die Regionalität der anthropogenen Klimaänderung könnte schon in einigen Jahrzehnten ein großes Chaos auf den Landflächen anrichten.“

Angesichts der Bedrohungen nennt Latif das hilflose Abwarten der Staatengemeinschaft eine „Bankrotterklärung der internationalen Klimaschutzpolitik“. Doch er sieht auch positive Zeichen – etwa, dass die USA im Pazifik dabei sind, auf drei Millionen Quadratkilometern das weltweit größte Meeresschutzgebiet einzurichten. Oder dass ab 2015 in Europas Gewässern nachhaltige Fangquoten gelten.

„Wir müssen auf jeden Fall jetzt handeln“, fordert Mojib Latif, der trotz der riesigen Herausforderungen ein Zweckoptimist bleibt: „Ich glaube, wir haben es noch in der Hand, einen Umweltgau zu vermeiden.“

Ole Schulz

Im Netz

humboldt.staatsbibliothek-berlin.de

Mitgelesen, mitgereist

In Tagebüchern stöbern ist so eine Sache. Aber Humboldt wird gewusst haben, dass seine für viele interessant sein werden. Die Staatsbibliothek hat vor einigerZeit begonnen, seine „Amerikanischen Reisetagebücher“ zu digitalisieren, und damit einen Schatz zugänglich gemacht. Auch wenn man nur per Klick darin blättern kann, die in Leder gebundenen Bücher mit ihren vollgeschriebenen und -gezeichneten Seiten wecken Entdeckersinne.

Wiebke Böse

Im Deckchair

Ein persönlicher Tipp von Sandy Weps, Herstellungsleiterin im **mare***verlag*

MS Dockville Festival,
Hamburg-Wilhelmsburg,
21. bis 23. August, 99 Euro,
www.msdockville.de

Ein lauer Freitag im August: Wir satteln unsere Räder und fahren nach Feierabend durch den Alten Elbtunnel, kreuzen das Hafengelände und sind schon auf der Elbinsel Wilhelmsburg vor dem Gelände des MS Dockville. Auch wenn das Hamburger Wetter oft zu wünschen übrig lässt: Sommer ist, wenn Dockville ist. Vor uns liegen drei Tage mit bester und neu zu entdeckender Musik, einzigartiger Atmosphäre und jeder Menge Kunst. Das ist das Besondere an diesem Festival: Es ist eben nicht nur Krawall und Remmidemmi, sondern dank des dazugehörigen MS Artville ein großartiges, entspanntes Gesamtkunstwerk. Seit 2007 sind wir jeden Sommer dort und wurden noch nie enttäuscht. Auch in diesem Jahr ist das Line-up wieder vielversprechend: Caribou, Interpol, Friska Viljor, AnnenMayKantereit, Antilopen Gang und, und, und … Wann ist bitte endlich Mitte August?

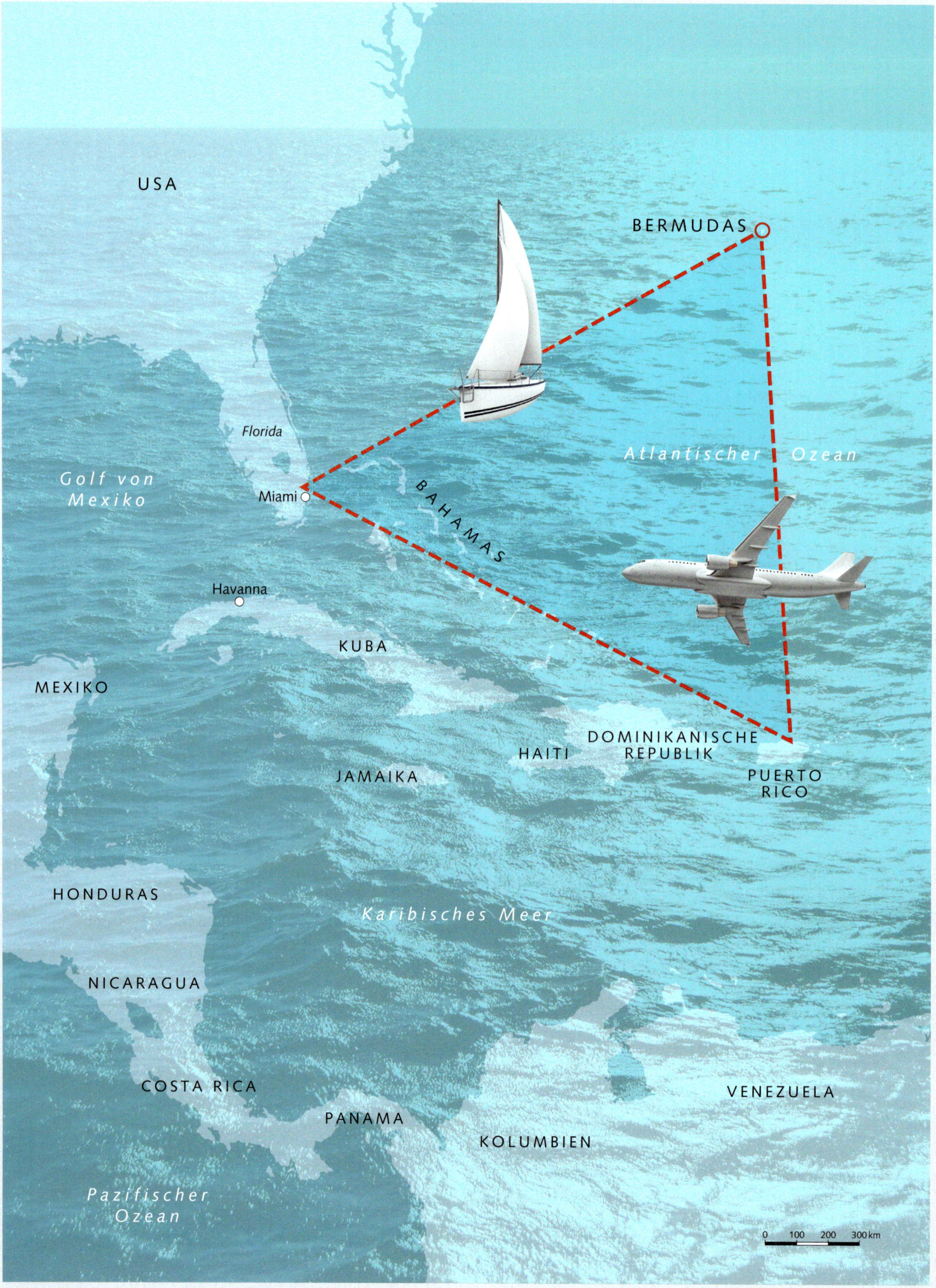
USA
BERMUDAS
Florida
Golf von Mexiko
Miami
BAHAMAS
Atlantischer Ozean
Havanna
KUBA
MEXIKO
DOMINIKANISCHE REPUBLIK
HAITI
JAMAIKA
PUERTO RICO
HONDURAS
Karibisches Meer
NICARAGUA
COSTA RICA
VENEZUELA
PANAMA
KOLUMBIEN
Pazifischer Ozean
0 100 200 300 km

Dreiecksgeschichten

Statistisch gesehen passieren im Bermudadreieck nicht mehr Unglücke als in anderen Meeresgebieten. Trotzdem entstand der berühmte Mythos. Wieso eigentlich?

Von Georg Rüschemeyer

MITTWOCH, 5. DEZEMBER 1945, US-Marinestützpunkt Fort Lauderdale, Florida. Um 14.10 Uhr hebt Flug 19 ab, ein Verband aus fünf Grumman-Avenger-Torpedobombern. An Bord befinden sich 14 Mann, die meisten davon Flugschüler. Das Kommando hat der erfahrene Fluglehrer Lieutenant Charles Taylor. Direkt nach dem Start nehmen die Maschinen Kurs auf den Atlantik. Eine Navigationsübung über dem offenen Meer.

Was routinemäßig beginnt, endet in einem Desaster. Flug 19 verirrt sich über dem Meer und verschwindet. Auch eine am Abend zur Suche ausgeschickte Martin PBM Mariner samt 13-köpfiger Besatzung kehrt nicht zurück. Am folgenden Tag beginnt eine der größten Suchaktionen in der Geschichte der Navy – ohne Ergebnis.

Flug 19 wird zunächst als ein besonders tragisches Unglück verbucht. Doch die Fragen bleiben. Wie können auf einen Schlag fünf Flugzeuge spurlos verschwinden? Warum versagten den anfangs noch mitgehörten Gesprächen der Piloten zufolge die Kompasse den Dienst? Und konnte es wirklich Zufall sein, dass zur gleichen Zeit im gleichen Gebiet auch ein Suchflugzeug verloren ging? Die Legende vom tödlichen Seegebiet, in dem sich Flugzeuge und Schiffe in Luft auflösen, ist geboren.

Sie wächst zunächst langsam. 1952 veröffentlicht „Fate“, das „weltweit führende Magazin für Paranormales“, einen Artikel, der das Schicksal von Flug 19 in einen Zusammenhang mit dem rätselhaften Verschwinden anderer Schiffe und Flugzeuge vor Floridas Küste stellt. Ein Text in „Argosy“, der Mutter aller US-Pulp-Magazine, prägt 1964 schließlich den Begriff vom „Bermudadreieck“, dessen Eckpunkte meist mit Miami, Puerto Rico und den Bermudas verortet werden.

Die Geschichten von verlorenen Schiffen und Flugzeugen ähneln sich. Stets herrschen zum Zeitpunkt des Verschwindens beste Wetterbedingungen, selten bleibt Zeit, einen Notruf abzusetzen, und so gut wie nie finden sich Wrackteile oder andere Spuren. In einigen Fällen werden sogar Geisterschiffe gefunden, die scheinbar intakt, aber ohne Besatzung auf dem Meer treiben.

Den Durchbruch zu Weltruhm schafft die Legende schließlich mit dem 1974 erschienenen Buch „Das Bermuda-Dreieck – Fenster zum Kosmos?“ des Amerikaners Charles Berlitz. Der Linguist und Erbe des Berlitz-Sprachschulimperiums listet darin Fälle auf, bei denen es im Dreieck angeblich nicht mit rechten Dingen zuging, beginnend bei den seltsamen Lichtern am Nachthimmel, die Kolumbus auf seiner ersten Amerikafahrt sah.

Dunkle Mächte des Dreiecks holen demnach Flugzeuge vom Himmel, so geschehen bei den beiden baugleichen Passagierflugzeugen Avro Tudor „Star Tiger“ (1948) und „Star Ariel“ (1949) oder der Super Constellation, die 1954 mit 42 Mann spurlos verschwand. Schiffe verschwinden meist auf hoher See wie die britische Fregatte „Atalanta“ (1880), das mit über 300 Mann besetzte Marineversorgungsschiff USS „Cyclops“ (1918) oder der 20 000-Tonnen-Frachter „Anita“ (1973). Manchmal trifft es sie aber auch in unmittelbarer Nähe der Küste (Yacht „Revonco“, 1967), oder sie werden als unbemannte Geisterschiffe wiedergefunden („Rosalie“, 1849; „Freya“, 1902; „Witchcraft“, 1967). Was dabei Fakt, Mutmaßung oder Gerücht ist, bleibt in Berlitz’ Buch meist offen, ebenso wie die Quellen vieler Behauptungen.

Auch bei möglichen Erklärungen des Phänomens legt sich Berlitz nicht fest – er zitiert lieber „gewisse Forscher“ und „Theoretiker“ und fährt ein ganzes Pandämonium möglicher Deutungen auf: Monsterwellen, Seeungeheuer, Tore zu einer anderen Dimension, Löcher im Raum-Zeit-Kontinuum, Wirbel im elektromagnetischen Feld. Doch Berlitz’ Lieblingstheorie ist diese: „Jene, die sich am eingehendsten mit diesen Phänomenen befasst haben, sprechen die Vermutung aus, dass das unerklärliche Verschwinden von Schiffen, Flugzeugen und Menschen im Zusammenhang mit vernunftbegabten außerirdischen Wesen steht.“

Das ist starker Tobak für den Intellekt des Lesers. Und dennoch verkauft sich Berlitz’ Buch in den 1970er-Jahren sensationell gut. Zusammen mit seinem Nachfolgerbuch „Spurlos“ steht Berlitz in Deutschland von 1975 bis 1978 fast durchgehend auf der „Spiegel“-Sachbuchbestsellerliste. 1977 führt er sogar die Top Ten der Jahresbestsellerliste an, in bester Gesellschaft mit den „Beweisen“ des Schweizer Ufologen Erich von Däniken.

Berlitz’ Theorien befriedigen offenbar eine damals grassierende Sehnsucht nach Über- und Außerirdischem. „Gegenwärtig gelangt der Aberglaube zu neuer, beinahe mittelalterlich anmutender Hochblüte“, diagnostiziert 1978 „Der Spiegel“. „Mit einer Vehemenz, vor einem Jahrzehnt kaum vorstellbar, haben sich Menschen – auch Intellektuelle – in den westlichen Industriestaaten von der einst hochgespannten Wissenschaftserwartung abgewandt: Enttäuschte des Wissenschaftszeitalters, die

Der Mythos vom Bermudadreieck begann mit dem spurlosen Verschwinden von Flug 19, einem Verband von fünf US-Torpedobombern, im Dezember 1945

Hermann Hesses Mystizismus wiederentdecken oder auch Zenbuddhismus oder transzendentale Meditation."

Der Mythos vom Dreieck des Todes habe perfekt zum Zeitgeist der 1970er gepasst, meint auch der US-Paraforscher Joe Nickell vom Committee for Sceptical Inquiry, einer Organisation der Skeptikerbewegung. „Die New-Age-Bewegung erstarkte, die Astrologie hatte ein großes Revival. Man wollte sich vom Establishment abwenden und ohne Vorurteile neuen Ideen öffnen, egal wie weit hergeholt diese auch sein mochten."

Die Jünger des Paranormalen verkauften ihre Theorien auf der Basis von Nichtwissen, so Nickell, der den Unterschied zwischen „unerklärlich" und „unerklärt" betont. Dabei hätten sie einen Kardinalfehler der Logik zur Arbeitsgrundlage erkoren: das „argumentum ad ignorantiam", das „Argument aus Unwissenheit". „,Wir können Phänomen X nicht wissenschaftlich erklären, also muss es übersinnlicher Natur sein'", erklärt Nickell das Prinzip. Fälle, bei denen etwas spurlos verschwindet, litten nun einmal an auswertbaren Spuren, da sei der Fantasie Tür und Tor geöffnet. Andererseits solle man auch nicht den Fehler begehen, paranormale Erklärungen von vornherein auszuschließen, findet Nickell, der als Berufsskeptiker sonst allerdings wenig zu tun hätte.

In der Praxis muss man sich eben jeden Fall einzeln ansehen, um zu einem Urteil zu kommen. Der Erste, der diese Detektivarbeit für das Bermudadreieck angeht, ist Anfang der 1970er-Jahre Lawrence Kusche. Als Bibliothekar an der State University of Arizona erhält er immer öfter Rechercheaufträge zum Thema und beschließt, alle verfügbaren Quellen zu bündeln und dem Phänomen auf den Grund zu gehen. Fast zeitgleich mit Charles Berlitz' Werken erscheint 1975 Kusches Buch, das es trotz des nicht gerade bescheidenen Titels „Die Rätsel des Bermuda-Dreiecks sind gelöst!" nicht auf die Bestsellerlisten schafft.

Laut Kusche ist schon die Grundannahme der Legende, wonach sich dort deutlich mehr Unglücke ereignen als anderswo, mehr als fraglich. Der Autor wertete Daten von Unglücken auf den Weltmeeren aus und kam zu dem Schluss, dass das Bermudadreieck statistisch gesehen genauso sicher ist wie andere Meeresgebiete. In einer 2013 veröffentlichten Studie der Naturschutzorganisation WWF über die zehn Meeresgebiete mit dem größten Unfallrisiko belegen das Südchinesische Meer, das Mittelmeer und die Nordsee die Topplätze, die See zwischen Bermuda, Florida und Puerto Rico taucht dort überhaupt nicht auf.

Aber sind die Vorfälle im Bermudadreieck zumindest besonders mysteriös? Es bleiben jedenfalls genügend Fälle mit offe-

Die Crew von Flug 19 auf einem Gruppenbild. Vermutlich hatten die Piloten, darunter viele Flugschüler, über dem offenen Meer die Orientierung verloren

nen Fragen, um die Gerüchteküche brodeln zu lassen. Wie weit sich allerdings Dichtung und Wahrheit im Lauf der Zeit auseinanderentwickelten, zeigt das Beispiel von Flug 19. Von den vermeintlichen Hinweisen auf übernatürliche Kräfte bleibt bei der Lektüre des mehr als 400-seitigen Untersuchungsberichts der Navy und der Aussagen zahlreicher Zeugen, die Kusche für ein späteres Buch über Flug 19 befragte, nicht viel übrig.

Wie die Protokolle der Funkverbindungen mit dem Tower und anderen Flugzeugen zeigen, verläuft die Navigationsübung zunächst nach Plan. Doch gegen 15.40 Uhr hört Lieutenant Robert F. Fox, ein Fluglehrer, der sich mit seiner Maschine im Anflug auf Fort Lauderdale befindet, über Funk ein Gespräch zwischen Lieutenant Taylor und einem der anderen Piloten von Flug 19 mit. Taylor erkundigt sich zunächst nach dessen Kompassanzeige und stellt dann schließlich fest: „Ich weiß nicht, wo wir sind. Wir müssen uns nach der letzten Wende verirrt haben."

Schließlich gelingt es Fox, Kontakt mit Taylor aufzunehmen. Auf die Frage, was los sei, antwortet dieser: „Meine beiden Kompasse sind ausgefallen, und ich versuche Fort Lauderdale, Florida, zu finden. Ich befinde mich über Land. Aber es ist unterbrochen. Ich bin sicher, dass ich über den Keys bin."

Eine falsche Annahme – das glaubt zumindest die von Fox verständigte Flugüberwachung, obwohl es ihr wegen störender kubanischer Radiosender und der sich verschlechternden Wetterbedingungen nicht gelingt, einen verlässlichen Funkkontakt mit Flug 19 herzustellen. Taylor könne sich gegen 16 Uhr unmöglich über den Florida Keys befunden haben. Bei den von ihm gesichteten Inseln müsse es sich vielmehr um kleine Eilande der weiter östlich gelegenen Bahama Banks gehandelt haben. Doch Taylor glaubt weiterhin, irgendwo südwestlich von Florida umherzuirren. Die Luftüberwachung in Port Everglades sendet mehrmals die Aufforderung, sich in Richtung der untergehenden Sonne zu halten, also nach Westen, erhält aber keine Bestätigung. Gegen 17 Uhr hört man in Fort Lauderdale Funksprüche von zwei Flugschülern Taylors mit: „Verdammt, wenn wir nur nach Westen flögen, kämen wir nach Hause." Offenbar setzen sich die Schüler mit ihrer Meinung aber nicht gegen ihren Lehrer durch.

Um kurz vor sechs gelingt es den Funkstationen schließlich doch noch, aus den empfangenen Funksignalen die ungefähre Position von Flug 19 zu bestimmen: Die Staffel befindet sich tatsächlich weit nördlich der Bahamas über dem offenen Meer. Die potenziell lebensrettende Nachricht erreicht Taylor und seine Männer aber nicht mehr – die Funkverbindung zu

Im März 1918 ging das mit über 300 Mann besetzte Versorgungsschiff USS „Cyclops" im Bermudadreieck verloren. Das Wrack wurde nie gefunden

Flug 19 ist zu diesem Zeitpunkt komplett abgebrochen. Die Flugüberwachung kann nur noch einige Gesprächsfetzen der Piloten untereinander mithören: „Wir müssen jede Minute notwassern" und „Wir sind am Ende, nicht wahr?".

Was dann geschieht, ist Spekulation. Der Treibstoff der fünf Avengers geht gegen 20 Uhr zur Neige. Den Piloten bleibt nur eine Notwasserung – bei Dunkelheit und der inzwischen stürmischen See ein extrem riskantes Unterfangen. Angesichts des schlechten Wetters erscheint es den meisten Experten auch kaum verwunderlich, dass die Suchtrupps in den folgenden Tagen keine Ölflecken oder andere Überreste der Abstürze finden können.

Der Verlust der fünf Maschinen und 14 Mann Besatzung von Flug 19 ist aber nur der erste Akt der Tragödie, die sich an diesem Tag ereignet. Um 19.27 Uhr startet eine Martin PBM Mariner mit 13 Mann Besatzung, um nach den Verschollenen zu suchen. Um 19.50 Uhr sieht die Besatzung des Tankers „Gaines Mills" im Nachthimmel eine schwere Explosion mit einem riesigen Feuerball. Als das Schiff die Stelle erreicht, findet man eine große Öllache und Wrackteile, aber keine Überlebenden. Der Tankerkapitän sagt später aus, er habe ein Flugzeug in der Luft Feuer fangen sehen, dann sei es aufs Wasser aufgeschlagen und explodiert.

Die tragische Verkettung unglücklicher Umstände lässt sicher viele Fragen offen. Wie konnte sich ein erfahrener Pilot wie Taylor derart in seiner Position verschätzen? Lag es daran, dass er erst kurz zuvor nach Fort Lauderdale versetzt worden war und das Gebiet noch nicht gut kannte? Vor den Zeiten von GPS und anderen Hightechsystemen war es jedenfalls nicht einfach, nur mit Karte, Kompass und Uhr über das Meer zu navigieren. Taylors Orientierungsverlust scheint da durchaus nicht so mysteriös, wie er meist dargestellt wird. War er vielleicht krank oder verkatert, wie man mutmaßte? Dafür spräche, dass er noch am Mittag erfolglos versucht hatte, sich vom Einsatz befreien zu lassen, und schließlich verspätet erschien. Der verantwortliche Offizier sagte allerdings aus, an Taylors Verhalten nichts Auffälliges gefunden zu haben.

Anhänger des Übernatürlichen deuten diese Episode aber unweigerlich als düstere Vorahnung Taylors. Und die Tatsache, dass der Untersuchungsbericht keine Hinweise auf paranormale Phänomene enthält, verwundert sie natürlich auch nicht; bekanntlich ist die Navy ja Teil einer internationalen Verschwörung, die Ufo-Aktivität und andere naturwissenschaftlich nicht erklärbare Phänomene von der Öffentlichkeit fernhält. Wer an Ufos und Teufelsdreiecke glaubt, lässt sich kaum von einfachen Erklärungen beirren. Und Behauptungen, die sich einmal im Umlauf

Auch Unglücke, die außerhalb des Bermudadreiecks passierten, wurden mitgezählt, wie der Untergang des Atom-U-Boots USS „Scorpion" im Mai 1968

befanden, wurden von Autoren wie Berlitz gnadenlos weiter verbreitet, egal wie eindeutig sie widerlegt wurden.

So sprechen die meisten Varianten der Flug-19-Geschichte von besten Wetterbedingungen. In Wirklichkeit war das Wetter schon beim Start eher mäßig, bis zum Abend hatte sich im vermuteten Absturzgebiet ein Sturm entwickelt. Unterschlagen wird zumeist, dass neben der PBM Mariner noch zwei andere Suchflugzeuge im Zielgebiet unterwegs waren, die unversehrt zurückkehrten. Zudem wird der Startzeitpunkt der Mariner oft falsch mit 16.25 Uhr angegeben, was den Zusammenhang mit der Explosion von 19.50 Uhr infrage stellt. In Wirklichkeit startete das Flugboot um 19.27 Uhr, und die Explosion wurde genau dort beobachtet, wo es sich 23 Minuten später befinden sollte. Und schließlich fehlen in Berlitz' viel zitierter Fassung auch die Öllache und die Aussage des Kapitäns der „Gaines Mills".

Dafür wurden Taylor nachträglich Funksprüche in den Mund gelegt, darunter die angebliche Warnung an seine Mitflieger: „Folgt mir nicht. Sie sehen aus, als ob sie aus dem Weltraum kommen. Folgt mir nicht!" Falsch ist auch die Annahme, dass von fünf abgestürzten Flugzeugen unter normalen Bedingungen Wrackteile oder Leichen zu finden sein müssten, wie ein Offizier der US-Küstenwache in einem von BBC und ZDF produzierten Dokumentarfilm aus dem Jahr 2004 erläutert. „Selbst wenn die Wetterbedingungen optimal sind, liegen die Chancen, ein abgestürztes Flugzeug im Meer zu finden, nur bei 78 Prozent. Bei schwerer See dagegen wären Spuren des Absturzes in weniger als einer Stunde verschwunden."

Auf ähnliche Weise wie Flug 19 wurden auch die meisten der je nach Autor bis zu 200 anderen Fälle verschwundener Luft- und Wasserfahrzeuge erst im Nachhinein mystifiziert. Die Liste der Beispiele ist schon in Kusches Aufklärungsklassiker von 1975 lang. Manche Fälle lösten sich bei seiner Recherche komplett in Luft auf, andere fanden in Wirklichkeit weitab des mörderischen Dreiecks statt. Und für die meisten der verbleibenden Fälle ließen sich ohne besondere Mühe natürliche Erklärungen finden. Allerdings klingen einige davon ähnlich glaubwürdig wie das Eingreifen durch Außerirdische.

Riesenwellen etwa könnten Schiffe unter sich begraben und Anomalien im Magnetfeld der Erde die Kompasse zum Rotieren gebracht haben. Neueren Datums ist die These, derzufolge sich am Meeresgrund lagerndes Methanhydrat, ausgelöst durch Seebeben oder Hangrutschungen, explosionsartig freisetzte und Schiffe zum Sinken brachte.

„Solche Methanblowouts gibt es durchaus. Und wenn das verdrängte Was-

Am 28. August 1963 flogen von Florida aus zwei Tankflugzeuge des Typs Boeing KC-135 zu einem Einsatz über dem Atlantik. Sie kehrten nie zurück

ser durch die aufsteigenden Gasblasen leichter wird, kann ein Dampfer schon untergehen", sagt Achim Kopf, Professor für marine Geotechnik an der Universität Bremen. „Aus der Nordsee sind solche Schiffsunglücke bekannt. Jedenfalls fand man nachher am Meeresboden Krater, aus denen das Gas ausgeströmt war." Doch auch wenn Methanhydrat für das eine oder andere Unglück im Bermudadreieck verantwortlich sein sollte – die meisten lassen sich schlicht mit schlechtem Wetter, menschlichem Versagen oder einer Kombination aus beidem erklären.

So auch das berühmte Beispiel der „Marine Sulphur Queen", eines Tankers für Flüssigschwefel, der irgendwann zwischen dem 4. und 6. Februar 1963 mit 39 Mann Besatzung verschwand. Entgegen der Darstellung in Berlitz' Buch fand man anschließend durchaus Schwimmwesten und Wrackteile. Aus dem Untersuchungsbericht der Küstenwache wird oft nur zitiert, dass sich die Ursache des Verschwindens nicht endgültig feststellen lasse. Dort steht aber auch, dass das Schiff in miserablem Zustand und nicht seetüchtig gewesen sei. Der Verlust ohne jedes SOS-Signal lasse sich plausibel entweder durch eine Explosion heißen Schwefels oder ein plötzliches Zerbrechen des Rumpfes in schwerer See erklären.

Nach der Analyse von gut 50 prominenten Fällen kam Lawrence Kusche 1975 zu dem Urteil, die Legende vom Bermudadreieck sei ein künstlich geschaffenes Rätsel. „Es begann mit schlampigen Nachforschungen und wurde von Autoren ausgebaut und weitergesponnen, die dafür entweder unwissentlich oder bewusst Missverständnisse, fehlerhafte Argumente und Sensationsstorys übernahmen. Es wurde so oft wiederholt, bis es schließlich eine Aura von Wahrheit anzunehmen begann."

Doch mit dem vermeintlichen Mysterium Bermudadreieck ist es wie mit der Hydra der griechischen Sage: Für jedes entmystifizierte Beispiel recken zwei neue ihre Hälse hoch. So finden sich auch heute, 40 Jahre nach dem großen Hype, zahlreiche Seiten im Internet, die den Mythos am Leben erhalten. Im Fernsehen laufen noch immer Dokumentationen, die längst entkräftete Behauptungen nachbeten. Das Geheimnisvolle übt eben mehr Faszination aus als das Profane. Nur so lässt sich das wahre Mysterium des Bermudadreiecks verstehen. Es ist die Nachhaltigkeit, mit der sich die Legende in die Köpfe der Menschen eingebrannt hat.

Der Wissenschaftsjournalist Georg Rüschemeyer, Jahrgang 1970, wohnhaft in Englands Spukhauptstadt York, glaubt nicht an paranormale Dreiecke und hat in seiner Stadt auch noch keine Gespenster gesehen. Er bewohnt dort allerdings sicherheitshalber kein altes Schloss, sondern einen Neubau.

Tobias Lemme, taz-Leser, Aktivist, Brüssel
Homo-Ehe: CDU trennt sich von Heteroplunder
taz.die tageszeitu
HEUTE IN DER TAZ
Hannover: SPD und Grüne einig
Ich teile mir die taz mit 14.700 anderen.
Mehr als 14.700 Genossinnen und Genossen sichern die publizistische und ökonomische Unabhängigkeit ihrer Zeitung. Wer einen Anteil von 500 €* zeichnet, kann GenossIn werden.
taz.de/genossenschaft
geno@taz.de
T (030) 25 90 22 13
*auch in 20 Raten zahlbar
Ruf nach 30-Stunden-Arbeitswoche
VERBOTEN

mareRadio

Jeden ersten Sonntag im Monat im Nordwestradio

HAUT

Sonntag, 5. Juli, 11.05 Uhr. Wiederholung: 8. Juli, 21.05 Uhr, und 11. Juli, 16.05 Uhr

Das Meer ist so etwas wie die Haut unseres Planeten. Schließlich bedeckt es über 70 Prozent der Erdoberfläche. Aber auch davon abgesehen sind Meer und Haut sich näher als man denkt: Menschen nutzen für ihre Haut nicht nur die heilende Kraft des Meerwassers, sie verzieren sie auch gerne mit maritimen Tattoos. Noch kreativer sind die Fische: Manche lassen auf ihrer Haut Farben und Muster wie auf einer Leinwand entstehen, um so miteinander zu kommunizieren. **mareRadio** tastet sich vor und entdeckt die Schuppen und Panzer der Meeresbewohner, außerdem den Charme eines Nixenkostüms, die Hautprobleme mancher Schiffe und die Schönheit einer Halskette aus schillerndem Fischleder.

AUSWANDERUNG

Sonntag, 2. August, 11.05 Uhr. Wiederholung: 8. August, 16.05 Uhr

Wer heute die Festung Europa verteidigt, der vergisst, dass die großen Migrationsströme früherer Zeiten eine gänzlich andere Richtung nahmen. 50 bis 60 Millionen Menschen verließen den alten Kontinent und suchten jenseits der Meere eine neue Heimat und neues Glück. **mareRadio** erzählt Geschichten von Aufbruch und Ankunft, von Träumen, Ängsten und der universellsten aller menschlichen Regungen: dem Streben nach Glück.

Termine

BREMEN

Festival Maritim

Treffen der Stars der weltweiten Sea-Music-Szene. 31.7.–2.8., Maritime Meile Bremen-Vegesack, historischer Museumshafen. www.festival-maritim.de

BREMERHAVEN

Lange Nacht der Kultur: Zehn Jahre Deutsches Auswandererhaus

Lebenswege von Auswanderern nach Buenos Aires, Jazz aus New Orleans, New Yorker Grillspezialitäten im Museumsrestaurant und „Abenteuer Australien" im Kindermuseum. 13.6., 17.30 Uhr, Deutsches Auswandererhaus. www.dahbremerhaven.de

CARHAIX (FRA)

Festival des Vieilles Charrues

Vieilles Charrues, die „alten Pflüge", sind mit 250 000 Besuchern das beliebteste Open Air der Bretagne. 16.–19.7., Marktplatz. www.vieillescharrues.asso.fr

DÜSSELDORF

Open Water

Ausstellung mit Werken von Künstlern wie Lesser Ury, Emil Nolde, Max Liebermann, August Macke, Max Pechstein, Roy Lichtenstein, Gerhard Richter, Hiroshi Sugimoto, Cornelia Schleime und SEO, die sich seit Beginn des 20. Jahrhunderts bis heute mit dem Motiv des Wassers auseinandersetzen. 5.6.– 9.8., Di–Fr 10–18 Uhr, Sa 11–14 Uhr, Galerie Ludorff. www.ludorff.com

FLENSBURG

Willst du mit mir segeln gehen?

Kinder ab acht Jahren lernen in dieser Ausstellung den Segelsport kennen. Spielerisch erfahren sie, was zur Vorbereitung des Segelns an Land gehört, welche Bedeutung Wind und Wasser haben, was ein Boot in Fahrt bringt und was eigentlich Navigation ausmacht. 19.6.–4.10., Di–So 10–17 Uhr, Schifffahrtsmuseum, www.schifffahrtsmuseum.flensburg.de

Veranstaltungshinweise an:
mare-Termine
Wiebke Böse
Sandthorquaihof, Pickhuben 2
20457 Hamburg
Fax: 040/369 859 99
E-Mail: termine@mare.de
Redaktionsschluss für die nächste Ausgabe: 13. 6. 2015

HAMBURG

altonale – Hafenfest

„Alles rund um Fisch"! Historische Fischkutter, frische und *dreugt* Fische, die Kunst des Krabbenpulens und Netzewebens, Fischkunstwerken, Aktionen zum Mitmachen, dazu Lesungen, Interviews und Livemusik (auch **mare** ist vertreten). 20.6., 10–20 Uhr, Museumshafen.

Das Ende der Ozeane – Warum wir ohne die Meere nicht überleben werden

Vortrag des Meteorologen und Klimaforschers Prof. Mojib Latif, Leiter des Forschungsbereichs Ozeanzirkulation und Klimadynamik am Helmholtz-Zentrum für Ozeanforschung Kiel. 6.7., 20 Uhr, Bucerius Kunst Forum. www.buceriuskunstforum.de

Stille Bauern und kernige Fischer? Norddeutschland in der Fotografie

Ausstellung mit Bildern aus der Zeit vor 1950 aus Norddeutschland, im Kontrast dazu aktuelle Arbeiten der Fotografin Agnieszka Rayss. 19.6.–22.11., Di–So 10–17 Uhr, Altonaer Museum. www.altonaermuseum.de

Auf den Spuren der Wikinger nach Amerika

Vortrag von Dr. Lars Frühsorge. Historische Texte und Funde belegen, dass die Wikinger schon 500 Jahre vor Kolumbus Amerika erreichten. Aber welcher Art waren die Kontakte mit den einheimischen Indianern und Inuit? 25.6., 18 Uhr, Museum für Völkerkunde. www.voelkerkundemuseum.com

JUIST

Nordseelauf 2015

Sportlich an der Nordsee – acht Läufe entlang der Nordseeküste von Juist bis Cuxhaven. 6.6.–13.6.; www.nordseelauf.de

LANGEOOG

Sonne, Mond und Sterne

Kinder von 5 bis 7 Jahren lernen hier spielerisch das All und das Sonnensystem kennen. 8.6., 15 Uhr, Spöölhus. www.langeoog.de

MONTEREY (USA)
Mission to the Deep
Dauerausstellung über die Arbeit der Wissenschaftler, Instrumente, Modelle und Einblicke in die Welt der Tiefsee. Täglich 10–17 Uhr, Monterey Bay Aquarium Research Institute (MBARI). www.montereybayaquarium.org

PUTBUS (RÜGEN)/ VITTE (HIDDENSEE)
Mitten ins Blau
Konzert von Jorinde Jelen und Band. An beiden Abenden liest und moderiert **mare**-Autor Holger Teschke. 26.6., 20 Uhr, Theater Putbus, 28.6., 20 Uhr, Seebühne Hiddensee, Vitte. www.jorindejelen.de

SKAGEN (DNK)
Skagen Festival
Internationales Folklorefestival mit Folk, Rock, Jazz, Balladen, Wurzeln, Blues und seine begeisterten Fans. 2.–5.7., Skagen. Programm und Line-up: www.skagenfestival.dk

STOCKHOLM (SWE)
Sex & the Sea
Filme und Artefakte über Mythen und Fantasien, gestaltet von Saskia Boddeke und Regisseur Peter Greenaway. Bis 3.4.2016, Di–So 10–17 Uhr, Marinmuseum. www.sjohistoriska.se

STRALSUND
Familiensommer 2015
Mitmachaktionen, Führungen, Schaufütterungen, Tauchshows, Figurentheater. 13.7.–30.8., Meeresmuseum, Ozeaneum. Termine: www.kindermeer.de

TAHITI (PYF)
Tahiti Moorea Sailing Rendez-Vous
Drei Tage feiern Segler aus aller Welt ihre Ozeanüberquerung mit einer Regatta von Tahiti nach Moorea. Musik, Tanz und traditionelles Essen. 19.–21.6.; www.tahiti-moorea-sailing-rdv.com

WARNEMÜNDE
78. Warnemünder Woche
Regatten, Turniere, Shantys und eine bunte Vergnügungsmeile am Alten Strom bis Leuchtturm und Strandpromenade. 4.–12.7.; www.warnemuender-woche.de

HAMBURG

Über Wasser. Malerei und Photographie von William Turner bis Olafur Eliasson

Von allen Naturerscheinungen hat das Wasser die Maler und Fotografen am meisten beeindruckt. Die Darstellung des flüchtigen, immer in Bewegung seienden Elements forderte heraus. Wasserknappheit, Verschmutzung und Klimawandel machen Wasser auch künftig zum brisanten Thema. Die sehenswerte Schau zeigt, wie sich Malerei und Fotografie von den traditionellen Kompositionsprinzipien der Landschaftsmalerei abwandten und sich auf die wandelbare Erscheinung des Stofflichen fokussierten – einschließlich der zerstörerischen Kraft, die die jüngsten Arbeiten prägt (Rezension auf S. 100). Rund 160 Werke von William Turner, Gustave Le Gray, Gustave Courbet, Max Beckmann, Berenice Abbott, David Hockney, Hiroshi Sugimoto, Gerhard Richter (Bild oben), Robert Longo, Boris Mikhailov und anderen. **13.6. bis 20.9., täglich 11 bis 19 Uhr, Do bis 21 Uhr. Bucerius Kunst Forum. www.buceriuskunstforum.de**

mare TV

Jeden ersten und dritten Donnerstag im Monat im NDR Fernsehen

DIE OSTFRIESISCHEN INSELN
(Wiederholung von 2014)
4. Juni, 20.15 Uhr, NDR Fernsehen

RHODOS
18. Juni, 20.15 Uhr, NDR Fernsehen
Die Götter haben es gut gemeint mit Rhodos. Als Zeus die Welt aufteilte, soll er die Insel dem Sonnengott Helios zugesprochen haben. Vielleicht gehört Rhodos – die viertgrößte Insel Griechenlands und Hauptinsel des Dodekanes im äußersten Südosten der Ägäis – ja deshalb zu den Regionen mit den meisten Sonnenstunden in Europa. Im heißen Sommer versorgt das Wasserschiff abgelegene Buchten und Inseln mit frischem Nass. Und vor den Tavernen hängt der Tintenfisch zum Trocknen an der Leine. Die milden Winter sorgen dafür, dass die Ägäisinsel grün ist, zum Teil sogar bewaldet. Und so fühlen sich auch Hirsche wohl auf Rhodos.

HAMBURG
2. Juli, 20.15 Uhr, NDR Fernsehen

ISTANBUL
16. Juli, 20.15 Uhr, NDR Fernsehen

AFFE AN BORD

Von Mustafa Haikal

Menschenaffen waren bis ins 19. Jahrhundert eine Sensation in Europas Zoos. Doch schon der Transport auf See endete für die Tiere oft tödlich

Oben **In dieser Handelsstation in Westafrika zogen deutsche Forscher einen Gorilla namens M'Pungu auf, den berühmtesten Menschenaffen des 19. Jahrhunderts**

Linke Seite **M'Pungu wurde in Berlin, Hamburg und London zur Schau gestellt, dazu vielfach beschrieben, gezeichnet und modelliert**

ES WAREN DIE ERSTAUNLICHSTEN PASSAGIERE, die je über die Ozeane gebracht wurden. Falls ihre Überfahrt erfolgreich verlief, kosteten sie ein Vermögen. Sie kamen mit den Handelsschiffen der niederländischen Kaufleute, beschäftigten die Besatzungen englischer und französischer Fregatten und sorgten auf den Postdampfern der Afrikalinien für Unruhe. Einmal in Europa angelangt, erregten sie Neugier, wissenschaftliches Interesse und weltanschauliche Debatten. Wann immer die großen Menschenaffen London oder Paris, Amsterdam oder Berlin erreichten, standen sie im Zentrum der Aufmerksamkeit.

Dabei wussten die Europäer zunächst kaum etwas über diese Tiere. Noch zu Beginn des 17. Jahrhunderts hatte der englische Pirat Andrew Battell zwei Arten von menschenähnlichen Monstern beschrieben, die in den Urwäldern Westafrikas Angst und Schrecken verbreiteten. Das größere der Scheusale, so Battell, habe tief liegende Augen, eine düstere Haarfarbe und schlage selbst Elefanten in die Flucht. Niemand könne es lebend fangen, weil zehn Männer nicht imstande seien, es zu bändigen.

Mit der Ankunft des ersten Menschenaffen in Holland erhielten die vermeintlichen Ungeheuer dann ein Gesicht. Voller Verwunderung registrierte der Amsterdamer Arzt Nicolaes Tulp um 1635, dass der „Waldmensch" eine Trinkkanne handhaben konnte und zum aufrechten Gang befähigt schien. Die auf lateinisch verfasste Schrift des berühmten Chirurgen lässt allerdings manches offen. Noch heute rätseln die Experten, ob es sich bei dem „Indischen Satyr" des Autors um einen Orang-Utan oder einen Schimpansen gehandelt hat. Mit keinem Wort ging Tulp auf den Transport des Jungtiers ein, und nur indirekt erfahren wir, dass es mit einem Schiff der Ostindischen Kompanie nach Holland gekommen sein muss.

Die Vereinigte Ostindische Kompanie, die VOC, war die älteste Aktiengesellschaft der Welt und ein beispielloses Imperium. Dreimal im Jahr segelten die Flottenverbände des Unternehmens von der Nordseeinsel Texel ins ferne Batavia, heute Jakarta, acht bis neun Monate dauerte eine Tour. Für die Rückfahrt benötigten die Schiffe wegen günstigerer Winde rund sieben Wochen weniger und nahmen nun auch exotische Tiere an Bord. Der Entdecker Christoph Carl Fernberger zum Beispiel hatte 1627 einen Leoparden, vier Papageien und drei kleinere Affen im Gepäck.

Ihre Überlebenschancen waren gering. Schon die Temperaturwechsel im Verlauf der Reise machten nicht nur der Crew zu schaffen. Während die Hitze in den windstillen Gegenden am Äquator zuweilen das Pech zwischen den Decksbrettern zum Schmelzen brachte, vereisten in den europäischen Gewässern die Außenanlagen. Hinzu kamen Krankheiten und Stürme, der Mangel an Trinkwasser und geeignetem Futter, die Gefahr von Untiefen und Irrfahrten.

Der lange und gefährliche Seeweg schuf so eine schwer zu überwindende Barriere. Obwohl im Verlauf des 17. und 18. Jahrhunderts Tausende Schiffe auf den Routen nach Asien und Afrika unterwegs waren, blieb der Blick auf einen lebenden Menschenaffen für die Europäer ein seltenes Privileg. Im Jahr 1698 studierte der britische Arzt und Zoologe Edward Tyson einen Schimpansen, und um 1740 sah der französische Naturforscher Georges-Louis Leclerc

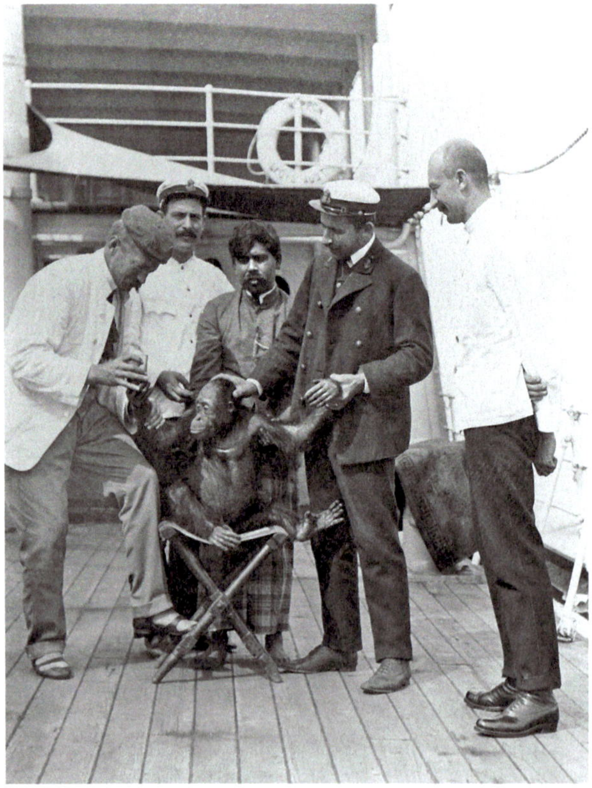

Ein für die Menagerie Schönbrunn in Wien bestimmter Orang-Utan auf dem Lloyd-Dampfer „Nippon", 1907

de Buffon in Paris ein „auf zwei Füßen" gehendes Tier, das er Jocko nannte.

Auch Arnout Vosmaer, der die Menagerie des niederländischen Statthalters betreute, wartete 20 Jahre vergeblich, ehe ihm 1776 ein „Ourangoutang" aus Batavia übergeben wurde. Das Tier war mit einem Zwischenstopp am Kap der Guten Hoffnung nach Holland gelangt, wobei es frei auf dem Schiff herumlief, mit den Matrosen spielte und in der Küche nach „seinem Anteil Ausschau hielt". In der Menagerie von Het Kleine Loo bei Den Haag wollte Vosmaer durch die Beobachtung des Affen wichtige Fragen klären. Konnten diese Tiere vielleicht sprechen, waren sie in Wirklichkeit „wilde Menschen" und daher kultur- und bildungsfähig, wie einige Philosophen im Zeitalter der Aufklärung vermuteten? Fast sieben Monate lang überlebte das junge Weibchen in Holland, ohne dass die Diskussionen zu einem Ende kamen.

Die nächste Nachricht vom Transport eines Menschenaffen stammt aus Paris. Die Ehefrau Napoléons, die ebenso schöne wie verschwenderische Joséphine de Beauharnais, besaß in ihrem Schloss Malmaison eine Menagerie, für die sie im März 1808 einen Orang-Utan erhielt. Bei seiner Ankunft war das Jungtier völlig entkräftet und wurde von heftigen Fieberkrämpfen geschüttelt. Auf dem Weg von Spanien über die Pyrenäen waren ihm mehrere Finger erfroren, und nur mit Mühe gelang es den Ärzten, seinen Zustand zu stabilisieren.

In einem Bericht des französischen Zoologen Frédéric Cuvier wird die Geschichte des Tieres erzählt. Demnach hatte der Orang-Utan die Reise von Borneo in Etappen bewältigt und war zunächst nach Mauritius gelangt, ehe ihn ein französisches Kriegsschiff nach Europa mitnahm. An Bord der Fregatte wich er seinem Betreuer nicht von der Seite. Unsicher und auf ständige Hilfe angewiesen, lernte er von ihm, hoch in den Mast zu klettern. Zu den Mahlzeiten erschien der Menschenaffe „vor allen anderen am Tisch" und ließ sich von den Besatzungsmitgliedern füttern. Bei der Auspolsterung seiner Schlafstätte griff er auf zahlreiche Gegenstände zurück, und wann immer die Matrosen irgendein Kleidungsstück vermissten, wurde es „im Bette des Orang-Outang gefunden".

Ganz ähnlich beschrieb der britische Mediziner Clarke Abel eine solche Überfahrt. Der Arzt hatte ab 1816 eine englische Gesandtschaft unter William Pitt Amherst nach China begleitet und dabei als Geologe und Botaniker gearbeitet. Obwohl die Mission scheiterte und die Engländer aus dem Land gejagt wurden, gelang es Abel, seltene Pflanzen und Tierpräparate zusammenzutragen. Doch auch die Rückreise der Engländer stand unter keinem günstigen Stern. Ein Schiffbruch, Piraten und Feuer auf offener See machten das Unternehmen zum Abenteuer und vernichteten die Sammlungen des Naturwissenschaftlers.

Immerhin hatte Abel in Batavia einen jungen Orang-Utan an Bord genommen, den er nun mit Neugier beobachtete. Sein 1818 erschienener Bericht ist die ausführlichste Schilderung der Reise eines Menschenaffen und zugleich ein berührendes Dokument. Wir erfahren, wie sich der Orang-Utan auf dem Schiff volle Freiheit verschaffte und in der Takelage herumturnte. Weitgehend unbehelligt schlief er weit oben im Mastkorb und verbrachte die Tage mit den Matrosen und Offizieren.

„Auf der Höhe des Vorgebirges der Guten Hoffnung", so Abel, „litt der Orang, besonders des Morgens, sehr von der niedrigen Temperatur, er stieg dann, vor Kälte zitternd, vom Maste herab, lief auf einen seiner Freunde zu, kletterte auf

Oben **Der Arzt Nicolaes Tulp war um 1635 einer der Ersten, die den „Waldmenschen" beschrieben**

Unten **Orang-Utan für den Fürsten von Orange**

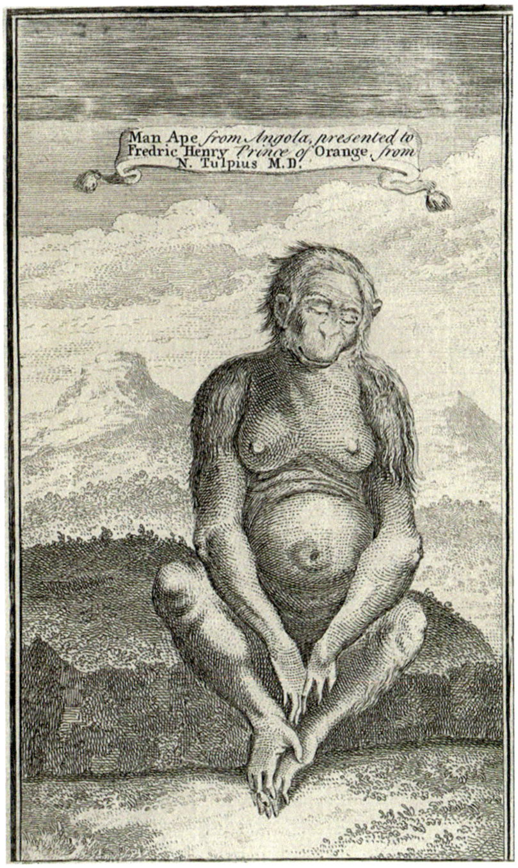

seine Arme und wärmte sich, durch festes Anschmiegen, an seiner natürlichen Wärme. Sobald man versuchte, ihn zu entfernen, begann er heftig zu schreien. Von dem Bootsmann, der seine Mahlzeiten mit ihm teilte und sein Hauptgünstling war, obgleich er zuweilen den Grog und Zwieback seines Wohltäters entwendete, lernte er mit einem Löffel essen und saß seitdem vor seiner Kajütentüre, wo er den Kaffee zu sich nahm, ohne von denjenigen, die ihn beobachteten, in Verlegenheit gesetzt zu werden."

Sonderbarerweise hatte der Menschenaffe eine panische Angst vor Schildkröten, die der Kapitän als lebende Fleischration an Bord bringen ließ. Ansonsten pflegte er „stundenlang mit der Hand auf dem Kopfe dazusitzen und nachdenkend seine Umgebungen anzusehen". Das 55 Meter lange und zwölf Meter breite Kriegsschiff, auf dem die Gesandtschaft zurückfuhr, hieß „Caesar" und erledigte nach zwei Jahrzehnten im Dienst vor allem Transportaufgaben. Der Orang-Utan lebte nach seiner Ankunft in England noch 20 Monate in der Londoner Menagerie Exeter Change, wo er den Wärtern durch „besondere Sanftheit" auffiel.

Ähnliche Beiträge, die auch das Schicksal von Schimpansen beschrieben, konnten die Europäer bald häufiger lesen. Sie dürfen in ihrer oft berührenden Art nicht darüber hinwegtäuschen, dass die Einfuhr von Menschenaffen mit extremen Verlusten verbunden war. Um einen einzigen Orang-Utan lebend über die Ozeane zu bringen, starben – wie ein Offizier im niederländischen Kolonialdienst 1854 ausrechnete – rund 50 weitere Exemplare.

Und doch erreichten in der zweiten Hälfte des 19. Jahrhunderts immer mehr der begehrten Tiere Europa. Der Einsatz von Dampfschiffen und die Eröffnung des Sueskanals verkürzten die Transportzeiten, die steigende Nachfrage der Zoos und Wandermenagerien zog professionelle Händler an. So soll allein der deutsche Tierhändler Carl Hagenbeck bis 1878 etwa 27 Orang-Utans verkauft haben. Dabei wurden erstaunliche Summen bewegt. Beträge, die dem Jahresverdienst eines Facharbeiters entsprachen, waren keine Seltenheit.

In unglaubliche Höhen schnellte der Preis bei einem Gorilla, den die Deutsche Gesellschaft zur Erforschung Äquatorial-Afrikas 1876 nach Berlin brachte. Stolze 20 000 Mark, so viel wie eine kleine Villa am Stadtrand, ließen sich die Verantwortlichen des Aquariums Unter den Linden den Affen kosten. ➢

Die Illustration von 1877 zeigt einen Orang-Utan (oben) und Schimpansen im Berliner Aquarium Unter den Linden

Die erst 1847 entdeckten Gorillas hatten heftige Diskussionen hervorgerufen. War dieser Urwaldbewohner etwa der sagenhafte Verwandte des Menschen, sein ins monströse verzerrtes Ebenbild? Im Zeitalter von Darwins Evolutionstheorie stellten sich solche Fragen zwangsläufig. Das Bedürfnis der Menschen, einen lebendigen Gorilla zu sehen, wuchs von Jahr zu Jahr. Das aber erwies sich schwieriger als gedacht. Die auf die Schiffe gebrachten Jungtiere verendeten an Durchfall, bekamen Skorbut und andere Krankheiten, fielen bei der Passage über Bord und verhungerten, weil unterwegs die Früchte ausgingen.

So ist die Aufregung zu verstehen, als den deutschen Afrikaforschern im heutigen Cabinda ein kleiner Gorilla geschenkt wurde. Der M'Pungu genannte Menschenaffe war tagelang an eine Brückenwaage gefesselt gewesen und schon auf den ersten Blick alles andere als ein „knochenbrechendes Ungeheuer". Wo immer er auftauchte, flogen ihm die Sympathien zu.

Das Schiff, auf dem er im Mai 1876 nach Europa gelangte, gehörte der British and African Steam Ship Company, die zwischen Liverpool und der afrikanischen Westküste verkehrte. Obwohl die „Loanda" auch Post und Personen transportierte, diente sie hauptsächlich der Beförderung von Palmöl und anderen Waren. Auf Befehl des Kapitäns wurden alle Gegenstände, durch die sich der Gorilla an Bord verletzen konnte, überprüft und befestigt, kümmerten sich die Stewards und Küchenjungen um die Bedürfnisse des kostbaren Passagiers. Der kleine Menschenaffe durfte im Salon am Dinner teilnehmen, erhielt ein „starkes Tau zu Turnübungen" und ein Flaggentuch „zum Schutz gegen die Nordpriese". Um ihn daran zu hindern, allzu neugierig über Bord zu schauen, hatte ihn sein Betreuer, der Arzt und Afrikaforscher Julius Falkenstein, einige Minuten über die Reling gehalten, eine Lektion, die Wunder bewirkte.

Am 21. Juni 1876 fuhr die „Loanda" im Hafen von Liverpool ein. Und mit jeder Stunde, die der Affe in der englischen Hafenstadt verbrachte, schien das Interesse an ihm zu wachsen. „Die ganze ungeheure Stadt war in Aufregung. An den Fenstern unseres Hotels wogten schwarze Massen auf und ab, während die besser Situierten, darunter die Spitzen der Stadt und die ersten Gelehrten, uns persönlich ihre Aufwartung machten und der greise Darwin brieflich seinen Glückwunsch übermittelte", erinnerte sich Falkenstein Wochen später.

Die Geschichte M'Pungus, des berühmtesten Menschenaffen des 19. Jahrhunderts, war damit nicht zu Ende. In Berlin, London und Hamburg zur Schau gestellt, bewegte er Forscher, Künstler, Journalisten und Hunderttausende Besucher. Dreimal überquerte er den Ärmelkanal, reiste mit der Eisenbahn und mit Kutschen, wurde gezeichnet, beschrieben, in Gips modelliert. Sein überraschender Tod am 13. November 1877 führte dazu, dass seine Verehrer in Wehmut verfielen und der Kurs der Aktiengesellschaft des Berliner Aquariums um drei Prozent nachgab.

Mustafa Haikal, Jahrgang 1958, lebt als freiberuflicher Historiker in Leipzig. 2013 erschien im Transit Buchverlag sein Buch „Master Pongo" über den berühmtesten Menschenaffen des 19. Jahrhunderts.

Immer aktuell: Eine neue App informiert live über den Zustand der Nordsee

Internet

Nordsee im Tablet

Mit der neuen App „Die Küste im Blick“ können Tabletnutzer ab sofort den Zustand der Nordsee live mitverfolgen. Dargestellt werden Salz- oder Sauerstoffgehalt, die Temperatur, der Seegang oder die Konzentration von Algen in verschiedenen Wassertiefen. Die App basiert auf dem Beobachtungssystem Cosyna, das Zugriff auf automatisierte Messsysteme wie Radartechnik, Messbojen oder Satelliten hat. Selbst Seevögel, etwa Basstölpel oder Heringsmöwen, tragen zur Datensammlung bei, da einige von ihnen mit Sendern versehen sind. Die Daten speisen die Wissenschaftler von Cosyna in Echtzeit in komplexe Simulationsmodelle ein, mit deren Hilfe der physikalische, ökologische und biogeochemische Zustand der Nordsee in hoher zeitlicher und räumlicher Auflösung abgeleitet wird. Auch die See vor der norwegischen Inselgruppe Spitzbergen wird mit erfasst. „Die App richtet sich vor allem an interessierte Laien“, sagt Ozeanograf Burkard Baschek, Leiter am Institut für Küstenforschung des Helmholtz-Zentrums in Geesthacht, wo Cosyna betrieben wird. „Wir möchten mit der App einen unkomplizierten Zugriff auf Messdaten ermöglichen und über die Aktivität der Küstenforschung informieren.“ Die Daten richteten sich aber auch an Entscheidungsträger in Wirtschaft und Politik, so Holger Brix, Leiter des Projektmanagements von Cosyna. Faktoren wie Meeresströmungen und Seegang seien beispielsweise für Unternehmen im Bereich der Offshore-Windenergie wichtig. Die App gibt es gratis für Android- und Apple-Geräte. *röß*

Wirtschaft

Palau verbietet Fischexport

Der pazifische Inselstaat Palau will jede Form der Fischerei für den Export verbieten. Einen entsprechenden Gesetzentwurf hat die Regierung im Februar ins Parlament eingebracht. Die Ausschließliche Wirtschaftszone, ein Seefläche von der Größe Frankreichs, soll Meeresschutzgebiet werden. Lediglich im Umkreis von etwa 30 Meilen um die Inselgruppe soll palauischen Fischern der Fang für den lokalen Verbrauch erlaubt bleiben. „Palau muss beim Schutz der Ozeane an vorderster Front stehen“, sagte Präsident Tommy Remengesau bei einer Versammlung in der Hauptstadt Koror. Nur so könne die Lebensgrundlage der rund 20 000 Inselbewohner bewahrt werden. Das Land leidet seit Langem unter Raubfischerei. In seinen Gewässern fangen vor allem taiwanische und chinesische Flotten Thunfisch; die Bestände sind in den vergangenen Jahren stark zurückgegangen. Palau hatte zuletzt Einnahmen von jährlich etwa fünf Millionen Dollar durch die Vergabe von Fischereilizenzen; die Einnahmen aus dem Tauchtourismus liegen etwa 20-mal höher. Seit 2009 ist der Fang von Haien in Palaus Gewässern verboten. Auch die Cookinseln hatten 2012 ein Fangverbot erlassen. Das Problem in beiden Fällen: Die Küstenwachen der Kleinstaaten sind nicht imstande, solche Verbote zu kontrollieren. Palau hat nur ein Küstenwachboot. Die US-Stiftung Pew unterstützt Palau nun beim Kampf gegen Raubfischer. Sie finanziert ein Projekt, bei dem die britische Satellitenfirma Catapult Palaus Gewässer aus dem All überwacht. Schiffe, die illegal fischen, sollen so identifiziert und international verfolgt werden können. *cj*

Paradies: Inselstaat Palau im Pazifik

Medizin

Wattwürmer liefern Kunstblut

Für menschliches Blut gibt es bisher keinen Ersatz. Doch das könnte sich möglicherweise ändern. Der Biologe Franck Zal, Chef des bretonischen Start-ups Hemarina, glaubt, aus dem Blut von Wattwürmern Kunstblut für Menschen herstellen zu können. Sollte sich das bewahrheiten, wäre es eine Revolution in der Medizin: Seit Jahrzehnten wird nach einem Wunderstoff gesucht, der menschliches Blut

Franck Zal glaubt an Wattwurmblut

ersetzt. Weltweit spenden Freiwillige derzeit jährlich rund 107 Millionen Liter. Laut der Weltgesundheitsorganisation (WHO) fehlen aber mindestens 75 Millionen Liter. Im Tierversuch bewiesen Biologe Zal und seine 40 Mitarbeiter bereits die Machbarkeit: Sie entnahmen Mäusen und Kaninchen fast komplett den eigenen Sauerstofftransporter, das Hämoglobin, und ersetzten es durch Hemarina M101, jene Substanz, die aus Wattwürmern gewonnen wird. „Die Tiere lebten ohne Probleme weiter“, berichtet Zal, „es gab keine Abstoßungsreaktionen.“ Ob Hemarina M101 tatsächlich als Hämoglobinersatz für den Menschen verträglich sein wird, sollen jetzt Klinikversuche zeigen. Zal hatte vor Jahren einen Job bei der staatlichen Forschungsorganisation CNRS aufgegeben, um Hemarina zu gründen. Er sammelte 15 Millionen Euro Startkapital von bretonischen Business Angels und Förderern. Die Mühe könnte bald belohnt werden: Ein großer französischer Pharmakonzern hat bereits ein Millionenangebot für Hemarina abgegeben. *jsc*

Umwelt

Algensterben vor Sydney

Australiens Millionenstadt Sydney kämpft seit Längerem mit einer Algenbleiche in ihren Gewässern. Nun präsentiert der deutsche Wissenschaftler Tim Lachnit eine Erklärung für das Phänomen: Demnach sind ungeklärte Abwässer dafür verantwortlich. Diese typische Krankheit der Kelpalge korreliere positiv mit der Anzahl von *Enterococcus*-Bakterien, so Lachnit. Enterokokken finden sich vor allem in Fäkalien und sind häufige Krankheitserreger. Für die Algenbleiche wurden bisher vor allem Klimawandel und höhere Wassertemperaturen verantwortlich gemacht. Dieser Theorie widerspricht Lachnit, der in den vergangenen Jahren an der University of New South Wales zum Algensterben geforscht hat und inzwischen am Zoologischen Institut der Universität Kiel arbeitet. In der Tat leistet sich Sydney ein überraschend primitives Kanalisationssystem. Die Abwässer werden in einem Pipelinenetz gesammelt und dann in 16 Kläranlagen behandelt. In drei Anlagen wird das Wasser lediglich von Müll und Sand grob gereinigt. Damit die Kanalisation bei Starkregen nicht überquillt, nimmt ein 16 Kilometer langer Tunnel unter der Stadt zusätzliche Mengen Schmutzwasser auf. Dieser ebenfalls nur grob gereinigte Abwassermix wird zwei Kilometer vor der Küste in 60 Meter Tiefe verklappt. So wurden an Sydneys Küstengewässer teilweise mehr als 500 Kbe (koloniebildende Einheit) je 100 Milliliter

Vor 120 Jahren

Eröffnung des Nord-Ostsee-Kanals

Die Kadetten stehen Spalier, die Flaggen von 14 Nationen flattern im Wind, mehr als 100 Kriegsschiffe warten darauf, Salut zu schießen. Dieser 21. Juni 1895 ist ein besonderer Tag: Der neue Kanal, der von der Elbmündung an der Nordsee bis nach Kiel an der Ostsee führt, wird eröffnet. Kaiser Wilhelm II. fährt mit seiner Yacht „Hohenzollern“ hindurch – am Tag vor der Einweihung schippert er bei Brunsbüttel an der Elbe los. Er tauft die Wasserstraße „Kaiser-Wilhelm-Kanal“, nach seinem Großvater Wilhelm I. Acht Jahre hatten die Bauarbeiten gedauert. Zweck des Kanals ist es, eine direkte Verbindung zwischen Ostsee und Nordsee zu schaffen, damit die vor Kiel und die vor Wilhelmshaven liegende Kriegsmarine schnell zusammengezogen werden kann. Das neue Deutsche Reich rüstet auf, strebt nach Macht. Die von Reichskanzler Bismarck beauftragten Architekten griffen bei ihrem Plan auf einen Vorläufer zurück: Seit 1784 verband der Eider-Canal die Kieler Förde mit dem natürlichen Flusslauf der Untereider bei Rendsburg. Eine Teilstrecke konnte für den neuen Kanal verwendet werden, trotzdem waren die Ausschachtarbeiten mühevoll. Die Kosten des Baus betrugen am Ende 156 Millionen Goldmark. Das Geld holte der Staat sich mit der bis heute gültigen Schaumweinsteuer zurück. In den ersten Jahren erwies der Kanal sich besonders für die zivile Schifffahrt als nützlich, auch wenn er schon 1907 erheblich verbreitert werden musste. Erst 1948 erhielt er dann den Namen, unter dem man ihn heute kennt: Nord-Ostsee-Kanal – auf Weisung der Alliierten, die den demokratischen Neuanfang Westdeutschlands durch neue Namen von Straßen, Brücken und Kanälen forcieren wollten. *fk*

Illustration: Ueli Etter

Enterokokken nachgewiesen. In der EU gilt für Badegewässer ein Grenzwert von 200 Kbe je 100 Milliliter. „Ein Industrieland wie Australien sollte es sich leisten können, seine Abwässer besser zu reinigen", sagt Lachnit. In der EU müssen Abwässer mindestens auch biologisch behandelt werden. Landen sie in ökologisch sensiblen Bereichen wie Nord- und Ostsee, durchlaufen sie sogar eine dritte Reinigungsstufe, in der Stickstoff und Phosphor herausgefiltert werden. *muk*

Leben
Massenhochzeit am Strand

Es war ein einmaliges Angebot: Anlässlich des 100. Geburtstags von Miami Beach lud die Stadt 100 Paare ein, sich am 23. März am Strand von South Beach das Jawort zu geben oder ihr Eheversprechen zu erneuern. Auch Bürger aus anderen Ländern konnten sich für die Massenhochzeit am Meer bewerben. Am Ende kamen zwar nur 50 Paare, aber zumindest 100 Personen. Der Bürgermeister von Miami Beach, Philip Levine, leitete bei strahlender Sonne zusammen mit einem Pastor die Zeremonie, an der auch zahlreiche schwule und lesbische Paare teilnahmen. Die Veranstaltung, neugierig von Urlaubern in Badehosen und Bikinis verfolgt, war ein Höhepunkt der Geburtstagsfeiern. Den gesamten März zelebrierte Miami Beach seine Stadtgründung am 23. März 1915 mit Konzerten, Shows und Umzügen. Auch eine Einbürgerungszeremonie für 100 neue US-Bürger gehörte dazu. Die Stadt nutzte das Jubiläum außerdem, um 50 öffentliche Sonnencremespender aufzustellen und auf das Hautkrebsrisiko aufmerksam zu machen. Die kleinen Boxen stehen nun an öffentlichen Pools, Parks, Strandzugängen und Rettungshäuschen und können kostenlos genutzt werden. Wo heute jedes Jahr Millionen Touristen ihren Urlaub verbringen, erstreckten sich vor 100 Jahren vor allem Mangrovensümpfe voller Moskitos. Geschäftsleute entdeckten Anfang des 20. Jahrhunderts die Strände in der Region und setzten gezielt auf Tourismus. Sie bauten Hotels, ließen künstliche Inseln aufschütten, ersetzten Fähren durch Brücken. So etablierte sich Miami Beach als einer der beliebtesten Badeorte der USA. *muk*

Selfie nach dem Jawort: In Miami Beach heirateten 50 Paare am Strand

Politik
Hilfe für Bootsflüchtlinge

Eine Initiative aus Brandenburg will Bootsflüchtlingen im Mittelmeer helfen. Auf eigene Kosten kaufte die Gruppe „Sea Watch" einen alten Fischkutter und baute diesen zu einem Patrouillenschiff um. Es soll künftig zwischen Libyen und der italienischen Insel Lampedusa kreuzen. Dabei werde das Schiff als schwimmende Notrufzentrale dienen, sagt Harald Höppner, 41, einer der Initiatoren von „Sea Watch". „Wenn die Crew ein Boot in Not entdeckt, wird zuerst die Küstenwache gerufen, dann ein Beiboot mit Trinkwasser und Funkgerät zu den Flüchtlingen gebracht. Die Idee ist, keine Hilfsbedürftigen an Bord zu nehmen, um nicht als Schlepper zu gelten, aber die Hilfe zu organisieren." Mehr als 200 Freiwillige haben sich bisher für das Unternehmen gemeldet: Kapitäne, Ärzte und Journalisten. In Schichten von zwei bis drei Wochen werden je sechs von ihnen auf der „Sea Watch" arbeiten. Höppner: „Wir wollen nicht länger tatenlos zusehen, wie Menschen im Mittelmeer sterben." Höppner hatte im April für Aufsehen gesorgt, weil er als Talkgast bei „Günther Jauch" in der Sendung zu einer Schweigeminute für die toten Flüchtlinge im Mittelmeer aufrief. *bs*

Schwimmende Notrufzentrale

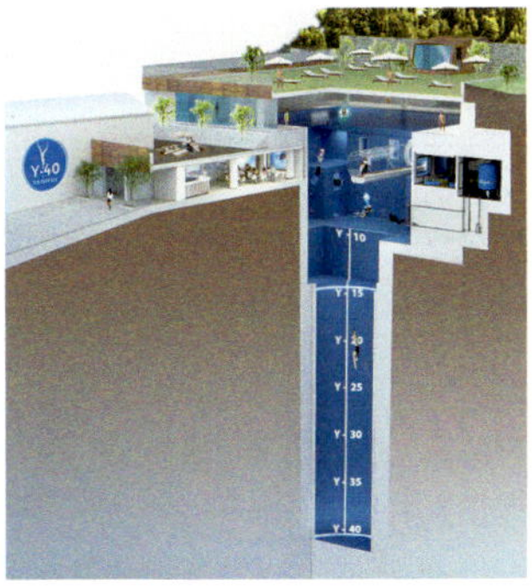

40 Meter tiefer Swimmingpool

Freizeit
Tiefster Pool der Welt

Im italienischen Badeort Montegrotto Terme in Venetien ist ein Pool eröffnet worden, der bis in eine Tiefe von 40 Metern reicht. Der Pool befindet sich im Hotel „Terme Millepini“ und soll laut Angaben des Unternehmens der tiefste Pool der Welt sein. Gefüllt ist er mit Thermalwasser, die Temperatur beträgt angenehme 32 bis 34 Grad Celsius, sodass die Besucher keine Neoprenanzüge brauchen. Freizeit- und Sporttaucher können im 21 mal 18 Meter großen Becken trainieren, ehe es ins Meer geht; die Ausrüstung ist im Eintrittspreis inbegriffen. In fünf, zehn, zwölf und 15 Meter Tiefe sind jeweils Ebenen eingezogen, dort können beispielsweise Anfänger gängige Verfahren wie Druckausgleich, das Ausblasen der Maske oder Wechselatmung üben. Künstliche Höhlen erreicht man in fünf oder zehn Meter Tiefe, ein „absolut realistisches Ambiente“, wie Michael Goldschmidt von unterwasserwelt.de berichtet. „Eine zehn Meter lange Röhre mit 80 Zentimeter Durchmesser verbindet die beiden Höhlenkomplexe. Wer es sich zutraut, kann sich einem wirklichkeitsnahen Erlebnis hingeben.“ Gegründet wurde der Pool von Enzo Maiorca. Der sizilienstämmige Pionier des Apnoetauchens war im Jahr 1960 der erste Mensch, dem es gelang, die 50-Meter-Marke zu brechen. *röß*

Meeresbiologie
Pottwale überfallen Fischer

Pottwale vor Alaskas Küsten sind Meisterdiebe. Seit Jahren stehlen Gruppen dieser Meeressäuger Fischern den Fang. Sobald ein Trawler auf See die Fahrt verlangsamt, tauchen die Pottwale wie auf Kommando ab, im Wissen, dass die Menschen nun ihren an Haken verbissenen Fang an Leinen heraufziehen. Unter Wasser halten die Wale dann ein Festmahl ab. „Ihre Effizienz ist fast perfekt“, sagt Kapitän Stephen Rhoads in einem BBC-Beitrag. Bereits in den 1970ern begannen die Raubzüge der Wale, der Schaden beträgt mittlerweile Hunderttausende Dollar im Jahr. Seit 2003 erforscht daher das Southeast Alaska Sperm Whale Avoidance Project, ein Zusammenschluss von Fischern, Forschern und Managern der Fischereibranche, das Verhalten und die Strategien der Diebe. Etwa 235 männliche Tiere betreiben demnach diese Art des Mundraubs. Besonders berüchtigt ist eine Gruppe von zehn Pottwalen, die sogenannten Bad Boys, das aktivste Exemplar erhielt den Spitznamen Jack the Stripper. „Zahnwale haben Jagdstrategien entwickelt, und dies ist wahrscheinlich der Grund, warum die Pottwale im Gegensatz zu Bartenwalen zu solchen Gedächtnis- und Intelligenzleistungen fähig sind“, erklärt Greenpeace-Experte Thilo Maack. Unbekannt sei das Verhalten nicht. „Es ist von Orcas bekannt, dass sie an der Leine hängende Thunfische fressen und nur der Kopf am Haken bleibt.“ Nun werden vor Alaska die effektivsten Pottwale markiert, damit ihnen die Fischer ausweichen können. *mvl*

Illustration: Ueli Etter

Impressum

mare

Verleger
und Chefredakteur
Nikolaus Gelpke (V.i.S.d.P.)

Stellvertretender Chefredakteur
Textchef
Karl Spurzem
spurzem@mare.de

Art Director
Nadja Zobel, zobel@mare.de

Photo Director
Barbara Stauss, Petra Koßmann
stauss@mare.de, kossmann@mare.de

Redaktion Leben/Politik
Dimitri Ladischensky
ladischensky@mare.de

Redaktion
Wirtschaft/Wissenschaft
Jan Keith
keith@mare.de

Redaktion Kultur
Zora del Buono, Martina Wimmer
delbuono@mare.de, wimmer@mare.de

Redaktion Online
Wiebke Böse
boese@mare.de

Leitung Marketing/Kommunikation
Jan Lehmköster
lehmkoester@mare.de

Vertriebsleitung
Karin Trommer
trommer@mare.de

Buchhaltung
Nicole Steinhauser
steinhauser@mare.de

Organisation
Jutta Dötsch
doetsch@mare.de

Satz/Lithografie
Andrea Best
best@mare.de

Korrektorat
Susanne Feyke

Produktion
Holger Schmirgalski

Druck
Druckhaus Kaufmann

Vertrieb
DPV Deutscher Pressevertrieb GmbH
ISSN 1432-928X
ISBN 978-3-86648-044-5

Abonnementvertrieb
QS Quality Service GmbH

ANZEIGEN

Anzeigenvermarktung

iq media marketing gmbh
Ein Unternehmen der Verlagsgruppe
Handelsblatt
Kasernenstraße 67, 40213 Düsseldorf
www.iqm.de/mare

Anzeigenleitung **mare**
Anke Wiegel,
iq media marketing gmbh
Speersort 1, 20095 Hamburg
Tel. 040/3280-345, anke.wiegel@iqm.de

Repräsentanz Düsseldorf
Marion Weskamp, Tel. 0211/887-2055
Kasernenstraße 67, 40213 Düsseldorf

Repräsentanz Frankfurt/Main
Oliver Mond, Tel. 069/2424-4536
Eschersheimer Landstraße 50
60322 Frankfurt/Main

Repräsentanz München
Axel Schröter, Tel. 089/545907-17
Nymphenburger Straße 14/2. Stock
80335 München

International

iq media marketing gmbh
Gerda Gavric-Hollender, Tel. 0211/887-2343
Kasernenstraße 67, 40213 Düsseldorf

Österreich
Internationale Medienvertretung & Service
proxymedia e.U.
Michael Schachinger-Brauner
Tel. +43/(0)2622/36755
Wiesengasse 3, 2801 Katzelsdorf

Schweiz
Top Media Sales GmbH
Walter von Siebenthal, Tel. +41/(0)41/7105701
Chamerstrasse 56, 6300 Zug

ANSCHRIFTEN

Redaktion und Verlag
mareverlag GmbH & Co. oHG
Sandthorquaihof
Pickhuben 2, 20457 Hamburg
Telefon 040/36 98 59-0
Fax 040/36 98 59-99
mare@mare.de, www.mare.de

Redaktionsbüro Berlin
Oranienstraße 10–11
10997 Berlin

Art Direction: Telefon 030/612 86 154
Photo Direction: Telefon 030/617 027 34
Redaktion Kultur: Telefon 030/612 806 93
Fax 030/612 806 94

ABONNEMENTSERVICE

mare-Service
Postfach 11 10 11, 20410 Hamburg
service@abo.mare.de
Telefon +49/(0)40/3007-3536, Fax -853536

Jahresabonnement: 51,30 Euro/91 CHF
Studentenabonnement: 45,60 Euro/79 CHF

mare ist stets erhältlich im
Bahnhofs- und Flughafenbuchhandel.

mare erscheint im **mare**verlag
GmbH & Co. oHG, HRA 90234,
PHG: Dreiviertel Verlag GmbH,
HRB 63029, Nikolaus Gelpke

BILD- UND TEXTNACHWEIS

Bildnachweis
(l.: links; r.: rechts; M.: Mitte; o.: oben; u.: unten)
Titel: [M] mare, Foto: Paolo Woods und Gabriele Galimberti/Institute; S. 3: Mathias Bothor; S. 4 v.o.l.n.u.r.: Dmitrij Leltschuk; Roger Fenton/Reproduction Number: LC-USZC4-9240/Library of Congress Prints and Photographs Division Washington, D.C. 20540; Kirill Golovchenko/Ag. Focus; From the Collections of the Museum of the City of New York; Paolo Woods und Gabriele Galimberti/Institute; mauritius images/SPL; Public Domain aus dem Buch: Robert Hartmann: Der Gorilla. Zoologisch-zootomische Untersuchungen. Verlag von Veit & Comp., Leipzig 1880, S. 163; S. 6/7: mare/Illustration: RB + MKB-Deskkart, Hamburg; S. 12–28: Dmitrij Leltschuk; S. 26 (Karte): Peter Palm, Berlin; S. 31: Marc Chagall, „Jullanâr, Mermaid & King", © VG Bild-Kunst, Bonn 2015/akg-images; S. 32: Roger Fenton/Reproduction Number: LC- LC-USZC4-9168/Library of Congress Prints and Photographs Division Washington, D.C. 20540; S. 33: Roger Fenton/Getty Images; S. 34–39: Roger Fenton/Library of Congress Prints and Photographs Division Washington, D.C. 20540; die Reproduktionsnummern nach Seitenzahlen: S. 34: LC-USZC4-9344; S. 35: LC-USZC4-9183; S. 36 o.: LC-USZC4-9221; S. 36 u.l.: LC-USZC4-9310; S. 36 u.r.: LC-USZC4-9313; S. 37: LC-USZC4-9205; S. 38: LC-USZC4-9127; S. 39: LC-USZC4-9170; S. 40: Marcus Sparling/Getty Images; S. 41 o.l.: Roger Fenton/Reproduction Number: LC-USZC4-9240/Library of Congress Prints and Photographs Division Washington, D.C. 20540; S. 41 o.r.: Hulton Archive/Getty Images; S. 41 u.: Roger Fenton/Reproduction Number: LC-USZC4-9309/Library of Congress Prints and Photographs Division Washington, D.C. 20540; S. 42–44: Roger Fenton/Library of Congress Prints and Photographs Division Washington, D.C. 20540; die Reproduktionsnummern nach Seitenzahlen: S. 42 o.: LC-USZC4-9349; S. 42 u.: LC-USZC4-9178; S. 43 o.: LC-USZC4-9194; S. 43 u.: LC-USZC4-9217; S. 44: LC-USZC4-9246; S. 44 (Karte): Peter Palm, Berlin; S. 47: privat; S. 48–51: Kirill Golovchenko/Ag. Focus; S. 52: Théobald Chartran (French, 1849–1907). Portrait of Washington A. Roebling, Oil on canvas, 79 1/8 x 53 1/8 in. (201 x 134.9 cm). Brooklyn Museum, Gift of Paul Roebling. 1994.69.2; S. 53 o.: S. A. (Silas A.) Holmes/Museum of the City of New York; S. 53 u. und S. 54: From the Collections of the Museum of the City of New York; S. 55: Charles-Émile-Auguste Carolus-Duran (French, 1838–1917). Portrait of Emily Warren Roebling, 1896. Oil on canvas, 89 x 47 1/2 in. (226.1 x 120.7 cm). Brooklyn Museum. Gift of Paul Roebling, 1994.69.1; S. 56: Reproduction Number: LC-USZC2-3252/Library of Congress Prints and Photographs Division Washington, D.C. 20540; S. 59: Martin Strmiska/www.aquasphere.sk; S. 60–80: Paolo Woods und Gabriele Galimberti/Institute; S. 72 (Karte): Peter Palm, Berlin; S. 83: Pascal Cloëtta; S. 85 o.: Landolf Scherzer; S. 85 M. und u.: René Röhlich; S. 86 o.r.: René Röhlich; S. 86 o.l., M. und u.l.: Günther Kröger; S. 88 (alle): René Röhlich; S. 92–96: Stefan Pielow; S. 100 u.l.: Karl Wilhelm Diefenbach (1851–1913): Die Blaue Grotte auf Capri, 1902, Privatsammlung; S. 100 M.: Auguste Renoir (1841–1919): Meeresbild, Guernsey, um 1883, Musée d'Orsay, Paris; S. 101: William Turner (1775–1851): Schautafel: Reflexionen und Brechungen auf einer durchsichtigen Kugel, halb gefüllt mit Wasser, um 1810, Tate, London, © Tate, London 2015; S. 102: http://de.wikipedia.org/wiki/Daniel_Defoe, Stand: 01.04.2015; S. 104: Pieter de Vries; S. 105 o.: Heike Ollertz/Ag. Focus; S. 107 (Porträt): Mathias Bothor; S. 108: Karte: Peter Palm, Berlin; Hintergrund: © konstan – Fotolia.com; Segelboot: © nerthuz – Fotolia.com; Flugzeug: © magann – Fotolia.com; S. 110: National Archives; S. 111: The Life Picture Collection/Getty Images; S. 112: Rue des Archives/PVDE/Süddeutsche Zeitung Photo; S. 113: Photo # NH 97215, Official U.S. Navy Photograph, from the collections of the Naval Historical Center/picture alliance/AP; S. 114: picture alliance/AP Images; S. 116: Franco Banfi; S. 117 (Kasten): Gerhard Richter 2015; S. 117 o.r.: Interfoto/Classicstock/Sipley; S. 118: Public Domain aus dem Buch: Robert Hartmann: Der Gorilla. Zoologisch-zootomische Untersuchungen. Verlag von Veit & Comp., Leipzig 1880, S. 163; S. 119: Die Loango-Expedition ausgesandt von der Deutschen Gesellschaft zur Erforschung Aequatorial-Africas, 1873–1876. Ein Reisewerk in drei Abtheilungen/Biodiversity Heritage Library; S. 120: Tiergarten Schönbrunn. Historische Sammlungen; S. 121 o.: http://de.wikipedia.org/wiki/ Nicolaes_Tulp#/media/File: Nicolaes_Tulp.jpg, Stand: 02.04.2015; S. 121 u.: University of Wisconsin Digital Collections Center, Illustrator: Parr; S. 122: imageBroker/BAO/Interfoto; S. 124–127 (Illustration unten): Ueli Etter; S. 124 o.l.: Helmholtz-Zentrum Geesthacht, Zentrum für Material- und Küstenforschung GmbH; S. 124 u.: Bob Krist/Corbis; S. 125 o.l.: Jean Claude Moschetti/REA/laif; S. 125 (Kasten): akg-images; S. 126 u.l.: Aaron Davidson/Getty Images; S. 126 o.r.: Kriki/Christian Groß; S. 126 u.r.: sea-watch.org; S. 127 o.l.: Y-40 – The Deep Joy; S. 128: Heike Ollertz/Ag. Focus; S. 129 o.: Olimpio Fantuz/Sime/Schapowalow; S. 129 M.: bpk/RMN – Grand Palais/René-Gabriel Ojéda; S. 129 u.: Giacomo Cosua; S. 130: Lars Henkel; Heftrücken: Conny Bangert.

Textnachweis
S. 30 l.: Peter Rühmkorf, „Undine", aus: Peter Rühmkorf, Gedichte – Werke 1, hrsg. von Bernd Rauschenbach, © 2000 Rowohlt Verlag GmbH, Reinbek bei Hamburg; S. 30 r.: Oscar Wilde, „Der Fischer und seine Seele", aus dem Englischen von Christine Hoeppner, aus: Oscar Wilde, Märchen und Erzählungen, Insel Verlag, Berlin, 2013.

mare *No. 111* August/September 2015

ab 4. August im Zeitschriften- und Buchhandel

Schottland

Wer an Schottland denkt, denkt an Loch Ness, an Schottenrock und Highlands. Doch sein wahres Herz liegt am Meer. Hier bauten sich Clans die prächtigsten Burgen. Hier dienten Leuchttürme und dramatisch ins Meer abfallende Klippen Regisseuren wie Lars von Trier als Filmkulisse. Mit einem Schiff ist unser Autor einmal quer durch Schottland gereist, von Küste zu Küste auf dem Caledonian Canal. Sein Ziel: die Ergründung der schottischen Seele.

Korallen in der Kunst
Korallen haben ein blumenartiges Aussehen und sind oft wunderschön. Vor allem ihre Wandlungsfähigkeit ist ein beliebtes Motiv in Kunst und Religion – seit Jahrtausenden schon. Die Kulturgeschichte einer besonderen Spezies.

Sea Shepherd
Die einen sind voller Bewunderung, die anderen sprechen von „Ökoterroristen". Keine Frage, die Umweltorganisation Sea Shepherd polarisiert. Doch wer sind eigentlich die Menschen, die sich dem Kampf gegen Walfang und Robbenjagd verschrieben haben?

Pfeilschwanzkrebs
Viele Menschen verdanken ihr Leben dem Pfeilschwanzkrebs – einem Meeresbewohner seit Urzeiten. Das blaue Blut der Krebse erlaubt es, bakterielle Verunreinigungen in Impfstoffen, Infusionen und an medizinischen Geräten nachzuweisen.

Cunard Line
Sie transportierte Post, Auswanderer, Soldaten und Touristen. Vor 175 Jahren begann die legendäre britische Reederei Cunard Line Amerika mit Europa zu verbinden. Rückblick auf ein bewegendes Stück Weltgeschichte.

Magellans Geheimnis
1519 brach der Portugiese Ferdinand Magellan zur ersten Weltumrundung der Geschichte auf. Schon vor der Abfahrt wusste er, dass im Süden Amerikas eine entscheidende Meerespassage liegt, die seine Reise erst möglich machte. Doch woher sein Wissen um jene später nach ihm benannte Passage stammte, blieb lange Zeit rätselhaft.

Die Tsunami-Stadt
Keine andere Stadt auf der Welt ist so oft von zerstörerischen Tsunamis getroffen worden wie Crescent City im Norden Kaliforniens. Es waren fast 40 Flutwellen in den vergangenen 80 Jahren. Grund ist ein geografischer Zufall.

Der in Berlin lebende Illustrator Lars Henkel deutete für **mare** das Lied „Die Wellen" der Einstürzenden Neubauten. Die Berliner Band um den Multikünstler Blixa Bargeld und den New Yorker Perkussionisten N. U. Unruh steht seit Anfang der 1980er-Jahre mit ihrer Fusion von dekonstruktiver Geräuschästhetik, abstrakten, epischen Popklangcollagen und dadaistischen Performances wie keine zweite für die deutsche Musikavantgarde. In ihren beziehungs- und anspielungsreichen Texten, die zuweilen ins Kryptische tendieren – was sich in unserer „Wellen"-Collage widerspiegelt –, wandten sie sich zunehmend an das intellektuelle bürgerliche Publikum, das sich nicht zuletzt von der Berührung mit dem urbanen Subkulturgepräge der frühen EN-Jahre angezogen fühlt.